Peter Wohlleben

Holzrausch

Für Carina und Tobias

Peter Wohlleben

Holzrausch

Der Bioenergieboom und seine Folgen

adatia Verlag

Bilbliographische Information der Deutschen Bibliothek
Die Deutsche Bibliothek verzeichnet diese Publikation in der Deutschen Nationalbibliografie; detaillierte bibliographische Daten sind im Internet über http://dnb.ddb.de abrufbar

FSC
Mix
Produktgruppe aus vorbildlich bewirtschafteten Wäldern und anderen kontrollierten Herkünften
Zert.-Nr. SGS-COC-1940
www.fsc.org
© 1996 Forest Stewardship Council

1. Auflage Juni 2008
Veröffentlicht im adatia Verlag Marion Zartner
Sankt Augustin

Umschlaggestaltung: mediengestaltung Just, Essen
Autorenfoto Umschlag: Miriam Wohlleben
Satz und Herstellung: ce redaktionsbüro für digitales publizieren, Heinsberg
Druck und Bindung: SZ Druck, Sankt Augustin
Printed in Germany

ISBN 978-3-940461-03-2

Inhalt

Vorwort

Als Förster habe ich beruflich ständig mit Bioenergie zu tun. Genauer gesagt, mit Energie aus Biomasse. In Form von Brennholz ist sie seit Jahrtausenden *die* selbstverständliche Wärmequelle, die erst in den vergangenen Jahrhunderten von fossilen Energieträgern wie Kohle oder Erdöl abgelöst wurde.
Als ich mich vor 15 Jahren entschloss, ausschließlich mit Holz zu heizen, tat ich dies der Umwelt zuliebe, denn der nachwachsende Rohstoff trägt kaum zum Ausstoß von „Klimakiller" Kohlendioxid bei. So meinte ich jedenfalls.
Doch vor einigen Jahren begann ich, die Folgen der Waldbewirtschaftung genauer unter die Lupe zu nehmen. Kahlschläge, Nadelholzplantagen und Insektizideinsätze per Hubschrauber auch in Mitteleuropa waren und sind erschreckende Befunde, die mich zur Einsicht geführt haben, dass Holz keinesfalls der Rohstoff ohne Fehl und Tadel ist, als der er gehandelt wird. Aber mir schienen die beobachteten Missstände durch sanfte Bewirtschaftungsmethoden und die kontrollierende Wirkung von Ökozertifikaten noch behebbar zu sein. Tatsächlich war bis vor kurzem eine große Aufbruchstimmung unter den Waldbesitzern zu spüren, ihre Wälder in eine ökologisch bessere Zukunft zu führen.

Dann kam der Bioenergieboom.
Zunächst als Heilmittel gegen den Klimawandel gepriesen, erhofft man sich nun von Energie aus Biomasse außerdem die Unabhängigkeit vom Erdöl. Damit erlebt auch der sympathische Brennstoff Holz eine Nachfragesteigerung ungeahnten Ausmaßes. So groß ist mittlerweile die Euphorie der Branche, so rosig die von ihr skizzierten Zukunftsaussichten, dass man von einem regelrechten Holzrausch sprechen kann. Ähnlich wie einst am Yukon-River

Goldschürfer die Erde umwühlten, um dem Traum vom Reichtum nachzujagen, wird heute der Wald fieberhaft auf unerschlossene Nutzungsmöglichkeiten untersucht.

Doch kann die „grüne Energie“ den an sie gestellten Erwartungen überhaupt gerecht werden? Zeigen sich nicht bereits negative Folgen durch die Produktion und den Einsatz auch anderer pflanzlicher Ersatzstoffe wie Biodiesel oder Ethanol? Sind Urwaldrodungen, Lebensmittelknappheit sowie ein Anstieg des Ausstoßes von Treibhausgasen nur vorübergehende Nebenwirkungen einer an sich wünschenswerten Energiewende, oder ist der politisch massiv geförderte Ausbau von Bioenergie eine Sackgasse?

Begleiten Sie mich bei der Suche nach Antworten in den Wald und in die Welt, und lassen Sie uns versuchen, eine Schneise in das Dickicht oft widersprüchlicher Informationen zu schlagen.

1

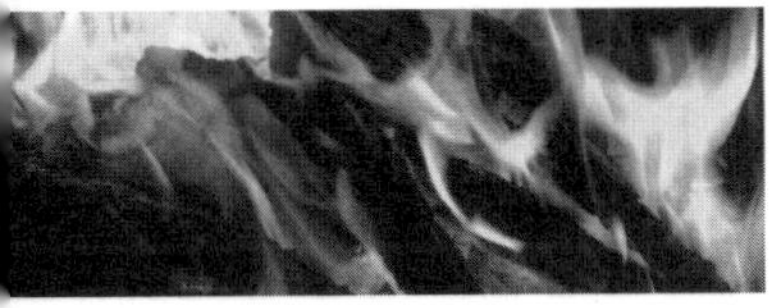

Energie aus dem Wald

Am Anfang war das Feuer

Flackerndes Licht beleuchtet ein Ehepaar, das auf einer weichen Decke vor dem Kamin sitzt. Prasselnd und knackend verbrennen darin Birkenholzscheite und erzeugen gelborange Flammen. Intensive Wärme strahlt von dem Feuer auf die beiden Beobachter aus, deren Blick sich in den Flammen verliert.

Eine beinahe archaische Szene. Schon vor rund 1,5 Millionen Jahren saßen Frühmenschen ähnlich gebannt um die lodernde Glut. Seit dieser Zeit ist das Feuer ein ständiger Begleiter des Menschen und hat viele zivilisatorische Leistungen überhaupt erst möglich gemacht. Das Kochen von Fleisch und vor allem stärkehaltiger Knollen reduzierte die notwendige Nahrungsmenge deutlich, denn Gekochtes hat gegenüber Rohkost erheblich mehr nutzbare Kalorien. Neuere Forschungen legen nahe, dass das Feuer und die darauf zubereitete Nahrung Grundlage für das Hirnwachstum und die Entwicklung des modernen Menschen war. Zudem konnten durch die neue Hitzequelle bisher ungeeignete, kühlere Lebensräume besiedelt werden. Das flackernde Feuer machte unsere Urahnen von der Sonnenwärme unabhängig. Nächtlich umherstreifende Raubtiere mieden die beleuchteten und qualmenden Lagerplätze, wodurch das Feuer auch eine wichtige Sicherheitsfunktion übernahm.

Bis zum heutigen Tage ist die gelbe Kraft überall in unserem Alltag vorhanden, wenn auch meist versteckt: Verborgen in Kellern brennt Feuer in Öl- und Gasheizungen, unter der Haube unserer Automobile wird es in jeder Minute Fahrzeit 100-fach entzündet, in fernen Kraftwerken erzeugt es in riesigen Öfen Strom und Wärme. Dieses versteckte Wirken lässt uns aber andere angenehme Aspekte vermissen. So war ein Feuer immer auch Versammlungsort, an dem Geschichten erzählt und so manche Meinungsverschiedenheiten diskutiert und auch beigelegt wurden. Durch die Verbannung in

Keller und Maschinenhallen ist in unseren Wohnbereichen eine Lücke entstanden. Seit 50 Jahren steht in diesem verwaisten Zentrum ein elektronisches Lagerfeuer: Das Fernsehgerät. Auch dorthin kann man, wie in ein Feuer, stundenlang starren und entspannen. Doch das ist nun vielen Menschen nicht mehr genug. Der Trend „Zurück zur Natur“ hat jetzt die Wohnzimmer erfasst. Ein richtiges Feuer muss wieder her, gezähmt in Form von Kachel- und Kaminöfen. So groß ist mittlerweile die Nachfrage, dass selbst Supermärkte und Versandhäuser ein entsprechendes Angebot bereithalten. Hunderttausende solcher Lagerfeuer bringen vermeintlich längst vergangene Atmosphäre zurück in die Gegenwart. Und die Behaglichkeit und Wärme ist tatsächlich nicht mit Zentralheizungen vergleichbar. Diese wälzen die Luft in den Wohnräumen nur um. Über den mit heißem Wasser durchspülten Heizkörpern steigt die Luft der Wohnräume auf, weil sie sich erwärmt. Abgekühlt strömt sie wieder in Richtung Heizkörper zurück. So entsteht ein ständiger Luftzug, der zudem auch für hohe Staubkonzentrationen in der Atemluft sorgt. Holzöfen dagegen geben ihre Hitze ab wie die Sonne. Diese Strahlungs- oder Infrarotwärme entfaltet ihre behagliche Wirkung direkt auf der Haut, ohne die Raumluft in Bewegung zu versetzen. Gerade in der kalten Jahreszeit sind solche „Sonnenbäder“ im Wohnzimmer eine echte Bereicherung. Kaminöfen werden durch ihre angenehmen Eigenschaften regelrechte Treffpunkte für Familie und Freunde. Im Schein des Feuers wird gelesen und erzählt oder einfach nur das Beisammensein genossen. Und der Betrieb dieser Anlagen schafft darüber hinaus gemeinsame Aktivitäten: Holz hacken und stapeln ist quasi Ausgleichssport und lässt sich am besten zu zweit erledigen. Gratis dazu kommt das gute Gewissen, umweltfreundlich zu heizen.

Mittlerweile erhofft man sich aber noch viel mehr von diesem sympathischen Energieträger. Nicht nur der Behaglichkeit willen wird er als eine der wesentlichen Stützen bei der Bereitstellung von erneuerbaren Energien in Europa gehandelt. Vor allem klimapolitische Ziele werden mit seinem Einsatz verbunden. Dementsprechend wird das Heizen mit Holz neuerdings von Seiten des Staates finanziell kräftig gefördert. Ganz nach dem Motto: Jedem sein Holzfeuer. Bewohner großer Mietshäuser können ebenfalls an diesem Boom teilhaben. Auch in Zentralheizungen ersetzt Holz das Verbrennen von Heizöl. Zwar brennt die Flamme dann nicht in der eigenen Wohnung und die Vorteile der besonderen Wärme kommen nicht zum Tragen, das Gewissen ist jedoch beruhigt, wenn das Höherdrehen des Temperaturreglers klimaneutral erfolgen kann. Der Siegeszug der Holzenergie geht daher auch durch die Keller und Kraftwerke und macht sogar vor unseren Autos nicht halt. Die Euphorie der beteiligten Branchen, aber auch in der Öffentlichkeit ist momentan so groß, dass der Markt und die Vielzahl der Produkte im Bereich Energieholz rasant wachsen und damit für den Endverbraucher zunehmend unübersichtlicher werden. Angefangen vom Brennstoff Holz in seinen unterschiedlichen Varianten über verschiedene Ofenarten bis hin zu den Problemen der Holzfeuerung gibt es Glanzlichter, aber auch Mogelpackungen und sogar handfesten Betrug. Begleiten Sie mich in den folgenden drei Kapiteln beim Durchforsten dieses Dschungels aus Fakten und Fehlinformationen.

Holz, Holz, Holz

Die ursprünglichste Form des Brennholzangebotes ist das sogenannte Scheitholz. Das sind ein Meter lange und ca. 15 Zentimeter dicke Brennholzstücke, die aus zersägten und gespaltenen dickeren Baumstämmen hergestellt werden. Die Maßeinheit heißt Raummeter; ein Raummeter ist ein Würfel mit einem Meter Kantenlänge, der aus gestapeltem Brennholz besteht. Aber nicht nur daraus: Die einzelnen Scheite lassen sich nie ganz dicht aufeinander legen, sodass zwischen ihnen mehr oder weniger viel Luft ist. So kauft man in dieser Maßeinheit in Wirklichkeit 70 Prozent Holz und 30 Prozent Luft. Dies ist aber nur ein Durchschnittswert. Je nachdem wie seriös der Händler misst, bekommt man mehr oder weniger Heizenergie geliefert. Deswegen sollte man sich die Stapel genau ansehen, ob sie ordentlich geschichtet sind. Eine ungünstigere Maßeinheit ist der Schüttraummeter: Hier wird das Holz lose geschüttet vermessen, sodass noch mehr Luft enthalten ist. Ein Preisvergleich ist hier für den Verbraucher kaum noch möglich. Nach der Lieferung an das Haus müssen die Scheite zunächst kleingesägt werden, damit sie in den Ofen passen. Es ist also eine ordentliche Portion Handarbeit nötig, bevor es im Haus warm wird. Zudem braucht man ausreichend Platz, um wenigstens einen Jahresvorrat lagern zu können. Um beispielsweise 3000 Liter Heizöl zu ersetzen, benötigt man rund 15 Raummeter Brennholz. Wer es etwas komfortabler haben möchte, lässt sich das Holz gleich ofenfertig in kleinen Stücken bringen. Das kostet dann natürlich extra, und da es lose angeliefert wird, ist hier eine Maßkontrolle durch den Verbraucher besonders schwierig. Wie bei so vielen Dingen ist Brennholzkauf Vertrauenssache.

Eine weitere Bereitstellungsform von Holz sind Hackschnitzel. Riesige Hackmaschinen zerkleinern Reisig, Äste und selbst dicke Baumstämme zu wenige Zentimeter großen Holzstückchen. Diese können dann in vollautomatischen Verbrennungsanlagen verfeuert werden, welche sich aus einem großen Vorratsbunker über ein Schneckengetriebe selbstständig mit Brennstoff versorgen. Da die Hackschnitzel lose geschüttet gelagert werden, brauchen sie zweieinhalb Mal so viel Lagerplatz wie Scheitholz. Damit kommen sie nur für größere Gebäude oder Industrieanlagen in Frage.

Die neueste Form zur elektronisch gesteuerten Verbrennung sind Pellets, kleine, runde Presslinge aus Sägemehl, ca. fünf Millimeter im Durchmesser und zwei Zentimeter lang. Warum wählte man ausgerechnet diese Abmessungen? Ganz einfach: Die Pioniere der Pelletherstellung waren eigentlich Futtermittelhersteller. Spezielle Maschinen pressten aus kleingeraspeltem Heu und Getreide kleine Röllchen, die dann, säuberlich abgepackt, für Hamster, Meerschweinchen und Zwergkaninchen in den Heimtiermärkten angeboten wurden.

In den 1990er-Jahren füllten die ersten europäischen Hersteller Sägemehl statt Tierfutter in die Maschinen. Der daraus resultierende neue Brennstoff ermöglichte, ebenso wie die Hackschnitzel, eine vollautomatische Verbrennung, war aber im Gegensatz zu diesen auch für kleine Anlagen geeignet. Die Herkunft aus der Futtermittelbranche bestimmt bis heute das Aussehen der Pellets, obwohl aufgrund der großen Nachfrage inzwischen spezielle Anlagen für deren Fertigung entwickelt wurden.

Auch bei dieser Form von Energieholz gibt es große Qualitätsunterschiede. Eine wichtige Rolle spielt die Pressdichte, denn sie entscheidet, wie viel Luft die kleinen Walzen enthalten. Das können Sie ganz einfach selbst testen. Nehmen Sie ein Glas Wasser und geben Sie einige Pellets hinein. Gehen diese unter, so sind sie ordnungsgemäß dicht gepresst. Schwimmen sie dagegen, so handelt es sich um minderwertige Ware, die zur Reklamation berechtigt.

Ein weiteres Qualitätsmerkmal ist der Staubanteil. Er entsteht, wenn die Pellets bei der Lieferung durch den Tanklaster mit zu viel Druck in den Vorratsraum eingeblasen werden. Dadurch zerbersten viele der Presslinge und zerfallen in ihr Ausgangsmaterial: Sägemehl. Ist ein deutlich sichtbarer Anteil davon zwischen den Pellets, kann die Fördermechanik im Ofen blockieren. Zudem verbrennt der Staub erheblich schlechter und verursacht mehr Asche.

Als Nischenprodukt wären noch Holzbriketts zu erwähnen. Diese großen Riegel, aus gepressten Sägespänen gefertigt, können wie Stückholz in Öfen und Kaminen verbrannt werden. Zu diesem

Zweck werden sie auch in Baumärkten offeriert. Ihr Marktanteil ist allerdings gering.
Zur Qualitätsbeurteilung der verschiedenen Brennholzformen gibt es aber noch weitere Kriterien. Da ist als erstes die Holzart zu nennen. Nadelhölzer wie Fichte und Kiefer, aber auch Pappel und Weide haben pro Raummeter 25 Prozent weniger Heizwert als Eiche und Buche. Pro Tonne ist der Heizwert allerdings identisch. Des Rätsel Lösung: Nadelhölzer und sogenannte Weichlaubhölzer enthalten mehr Luft in den Zellen. Und die trägt natürlich kaum etwas zum Gewicht bei, sondern bläst nur das Volumen der Scheite auf. So braucht man für eine Tonne Buche zwei Raummeter Scheitholz, für eine Tonne Fichte dagegen drei. Bei Pellets spielt das keine Rolle, da durch den Pressvorgang aus Sägemehl praktisch keine Luft mehr enthalten ist; zudem werden sie auf Tonnenbasis abgerechnet. Und da ist der Energiegehalt aller Baumarten nahezu gleich, denn das reine Holz ohne Luft unterscheidet sich bei ihnen sowohl vom Gewicht, als auch vom Brennwert her nur wenig.
Ein weiterer Qualitätsfaktor ist der Feuchtegehalt der Ware. Holz zum Heizen sollte optimalerweise um 12 Prozent Restfeuchte enthalten, wesentlich mehr ist nicht akzeptabel. Das enthaltene Wasser macht ansonsten genau das, was es in Berührung mit Feuer immer tut: es löscht. Das Feuer geht zwar nicht aus, aber die Temperatur sinkt unter den Optimalbereich, sodass das Holz nicht mehr sauber verbrennt. Vermehrte Rauchbildung, die die Nachbarn belästigt, ist da noch eine harmlose Folge. Teerbestandteile im Rauch setzen sich im Schornstein ab und bilden eine lackartige Schicht, den sogenannten Glanzruß. Dieser wird mit der Zeit dicker und dicker und kann sich dann eines schönen Tages entzünden. Kaminbrand nennt man diesen Vorgang, bei dem der Belag im Schornstein abbrennt und dessen Wände dabei glühend heiß werden lässt. Ist er nicht ganz dicht gemauert, kann man wegen des austretenden Rußes anschließend das Haus renovieren; in Extrem-

fällen fällt auch die ganze Heimstätte dem Feuer zum Opfer. Schornsteinfeger achten daher bei den Kontrollen auf den Innenzustand des Schornsteins und können daran die Qualität der Brennstoffe ablesen. Abgesehen von diesen Gefahren sinkt bei zu feuchtem Holz auch die Energieausbeute drastisch ab, da das enthaltene Wasser erst einmal herausgekocht werden muss, um als Dampf den Ofen zu verlassen. Daher sollte Brennholz mindestens zwei Jahre trocken gelagert werden, um einen einwandfreien Zustand zu erreichen. In Baumärkten werden häufig handliche Netzsäcke mit gebrauchsfertigem Kaminholz für den kleinen Bedarf angeboten. Abgesehen davon, dass der Preis durch diese Kleinmengen auf das fünf- bis zehnfache ansteigt, sieht man auch immer wieder verschimmelte Holzstücke darin. Das ist aus drei Gründen sehr bedenklich: Zum Ersten weist Schimmel auf einen viel zu hohen Wassergehalt hin. Zum Zweiten verdauen die Schimmelpilze genau das, was man selber zum Heizen gekauft hat, sodass der Brennwert zusätzlich gemindert wird. Und drittens sind Schimmelsporen im Holzkorb neben dem Ofen auch nicht gerade gesundheitsförderlich. Auch Pellets mit zu hohem Wassergehalt sind deutlich zu erkennen, da sie sofort aufquellen. Damit sind sie als Heizmaterial unbrauchbar.

Gehen wir einmal davon aus, dass das korrekte Material in den Holzheizungen verbrennt. Gemütliche Wärme breitet sich aus, und aus dem Schornstein entsteigt kaum sichtbarer Rauch. Und damit leider auch das nächste Problem.

Schlagzeile Feinstaub

Dieselfahrzeuge sorgten in den vergangenen Jahren immer wieder für Schlagzeilen. Aus den Auspuffrohren kommen nicht nur Abgase, sondern auch feinste Stäube. Das sind winzige Bestandteile in den Emissionen, in einer Größe von weniger als einem 100stel Millimeter. Diese Russpartikel werden in den Atemwegen nicht zurückgehalten, sondern gelangen tief in die Lunge und stehen im Verdacht, Krebs und Herz-Kreislauf-Erkrankungen auszulösen. Neben Fahrzeugen trägt vor allem die Industrie und überraschenderweise auch die Landwirtschaft zur Feinstaubbelastung bei. Flüssige Tierfäkalien dünsten bei der Ausbringung auf Felder und Wiesen große Mengen von Ammoniak aus. Zusammen mit Schwefel- und Salpetersäure bilden sich daraus Salzpartikel, die die Luft ebenso belasten wie der Ruß aus Verbrennungsprozessen. Intensive Regelungen auf EU-Ebene bewirkten, dass immer mehr Fahrzeuge und industrielle Anlagen mit entsprechenden Filtern ausgerüstet wurden, was einen deutlichen Rückgang am Ausstoß solcher Schadstoffe nach sich zog. Zusätzlicher Druck geht von der Einrichtung sogenannter Umweltzonen im Zentrum größerer Städte aus. Nur wer durch eine grüne Plakette an der Windschutzscheibe seines Fahrzeugs signalisiert, dass dieses wenig Feinstaub ausstößt, darf in die Innenstadt. Allerdings gibt es eine neue Quelle für solche Stäube, die ständig wächst: Holzheizungen. Bereits im Jahr 2003 war der Ausstoß an Feinstaub durch Holzfeuerungsanlagen in Deutschland höher als der des gesamten Straßenverkehrs, insgesamt 24 000 Tonnen.[1] Die weiße Weste des freundlichen Bioenergieträgers hatte den ersten Fleck bekommen.

Doch man muss zwischen den verschiedenen Feuerungsarten deutlich differenzieren: So stoßen Kachel- und Kaminöfen etwa fünf- bis zehnmal soviel Feinstaub aus wie eine moderne Pelletheizung.[2] Solange es aber in jedem Baumarkt um die Ecke billige Kaminöfen zu kaufen gibt, wird die Flut dieser neu aufgestellten Einfachgeräte nicht abebben. Und das kann die ganze Branche in Misskredit bringen. Schon ist die Änderung der Bundesimmissionsschutz-Verordnung in

Arbeit. Der Gesetzgeber möchte Kaminöfen, die zuviel Ruß ausstoßen, lahmlegen. Bei den künftig vorgeschriebenen Rauchgasüberprüfungen durch die Schornsteinfeger sollen Geräte, die die neuen Grenzwerte nicht einhalten, entweder stillgelegt oder mit einem teuren Feinstaubfilter nachgerüstet werden. Auch für die deutlich schadstoffärmeren Pelletöfen sind solche Filter im Gespräch. Die Hersteller dieser Geräte wehren sich allerdings heftig gegen den Vorwurf, Rußschleudern zu verkaufen. Zum einen sei der Gesamtausstoß an Feinstaub ja deutlich geringer als bei herkömmlichen Öfen, zum anderen bestehe der Staub zu über 90 Prozent aus Salzen. Diese lösten sich nach dem Einatmen in der Lunge möglicherweise auf. Erste Ergebnisse von finnischen Studien scheinen dies zu bestätigen.[3] Danach geht der gesundheitsgefährdende Effekt des Feinstaubs überwiegend auf das Konto von Rußpartikeln. Diese schädlichen Abgasbestandteile sind, rechnet man alles zusammen, in modernen Pelletöfen 99-mal weniger vorhanden als in alten Anlagen. Dennoch wird auch für neueste Geräte an Staubfiltern gearbeitet. Das ist auch dringend notwendig, da die Freude am Heizen mit Holz sich sonst schädigend auf die Lungen der Nachbarn niederschlägt.

Ofenflut

Ofen ist nicht gleich Ofen. Je nach dem, welcher Typ gewählt wird, kann man über 90 Prozent der im Holz enthaltenen Energie nutzen oder eben soviel zum Schornstein hinaus blasen. Die Effizienz des Ofens entscheidet somit über den Brennstoffverbrauch und damit auch über die Umweltfreundlichkeit der Heizgeräte. Da deren Langlebigkeit zudem die Weichen für viele Jahre stellt, lohnt es sich, die unterschiedlichen Typen einmal genauer zu betrachten. Dazu ist es notwendig, drei Fachbegriffe zu erläutern, die in Zusammenhang mit Verbrennungsgeräten immer wieder auftauchen. Da gibt es

zunächst den „Heizwert". Er gibt an, wie viel nutzbare Verbrennungshitze ein Gerät erzeugen kann. Nicht berücksichtigt wird bei dieser Angabe der heiße Wasserdampf, der mit dem Rauch den Schornstein als weiße Wölkchen verlässt. Es ist das Wasser, welches aus der Verbrennung und der Restfeuchte des Brennstoffes, beispielsweise des Holzes, stammt. Die Scheite bestehen größtenteils aus Kohlenwasserstoffen, die unter Abgabe von Hitze zu Kohlendioxid und Wasser verbrennen. Zusammen mit dem Restwasser, welches Brennholz immer enthält, entsteht so viel Wasserdampf, dass dieser rund zehn Prozent der gewonnenen Energie auf seiner Reise durch den Schornstein mit nach draußen nimmt. 100 Prozent Heizwert bedeuten also in Wirklichkeit eine Ausnutzung des Brennstoffes von nur 90 Prozent.
Ein weiterer Begriff ist der „Brennwert". Er gibt an, wie viel Wärmeenergie bei der vollständigen Verbrennung einer Substanz frei wird und ist die bessere Vergleichsgröße, weil er die komplette Energie eines Brennstoffes, auch die des heißen Wasserdampfes, berücksichtigt. Kommt Ihnen der Brennwert bekannt vor? Kein Wunder, steht er doch auf den meisten Lebensmittelverpackungen und zeigt Ihnen, wie sehr Schokolade und andere Nahrungsmittel Ihrem Körper einheizen. Ob Kartoffelchips oder Brennholz, der Brennwert wird immer in Kilojoule angegeben. Hinzu kommt noch der Wirkungsgrad. Er beziffert, wie gut das Heizgerät den Brennstoff verwertet. Ein Wirkungsgrad von 90 Prozent würde etwa bedeuten, dass das Gerät 90 Prozent der bei der Verbrennung frei werdenden Wärme in die Wohnräume abgeben kann und zehn Prozent durch den Schornstein entweicht. Und jetzt wird es unübersichtlich. Denn Heizgeräte, so auch Öfen, legen als Maßstab ihres Wirkungsgrades oft den Heizwert zugrunde. Hohe Wirkungsgrade sagen mit dieser Basis nicht allzu viel aus, denn zehn Prozent Wärmeverlust werden ja von vornherein unterschlagen. 90 Prozent Wirkungsgrad, auf den Heizwert bezogen, bedeutet in der Praxis eine Brenn-

stoffausnutzung von nur 81 Prozent. Die Geräte scheinen so effektiver zu arbeiten, als dies tatsächlich der Fall ist. Das klingt für mich ein wenig nach Mogelpackung. Stellen Sie sich einmal vor, auch im Nahrungsmittelbereich würde es solche Angaben geben, die zehn Prozent des Energiegehaltes verschweigen. Schlecht für jede Diät! Besser wäre es, nur mit dem Brennwert zu arbeiten, denn dann wüsste der Verbraucher genau, wie viel der eingekauften Energie auch wirklich im Wohnzimmer ankommt.
Bizarr wird es, wenn mit dem Wirkungsgrad von Geräten, die auch noch den heißen Wasserdampf der Abgase nutzen, geworben wird. Bei diesen sehr sparsamen, sogenannten „Brennwertheizungen", wird als Grundlage für die Berechnung der Energieausbeute ebenfalls der Heizwert genutzt. Da sie jedoch mit dem heißen Wasserdampf mehr als den Heizwert nutzen können, wird bei manchen Fabrikaten mit Wirkungsgraden von über 100 Prozent geworben. Um dem Verbraucher einen sinnvollen Vergleich der Wirtschaftlichkeit verschiedener Geräte zu ermöglichen, sollten die Hersteller zu Angaben verpflichtet werden, die auf dem Brennwert als Grundlage beruhen. Denn auch bei erneuerbaren Brennstoffen gilt: Effizienz ist Umweltschutz.

Größer als der Unterschied in den Bezeichnungen sind jedoch die Unterschiede zwischen den einzelnen Feuerstätten für Holz. Relikt aus historischen Zeiten und Sinnbild für Gemütlichkeit, aber auch Luxus, ist der offene Kamin. Das ist gewiss die ursprünglichste Form des Heizens in geschlossenen Räumen. Leider aber auch die uneffektivste, da durch den Schornstein rund 90 Prozent der Wärme ungenutzt ins Freie entweicht. Zudem bilden sich in der offenen Feuerstelle nicht die für eine vollständige Verbrennung erforderlichen hohen Temperaturen von über 1000 °C. Aus diesen Gründen ist der offene Kamin auch nicht mehr für den Dauerbetrieb zugelassen.

Eine weitere Möglichkeit stellt der Kaminofen dar. Dabei handelt es um einen Holzofen, der eine große Sichtscheibe hat. Im Wohnzimmer aufgestellt ermöglicht er so den Blick auf das Feuer und verbrennt das Holz durch den geschlossenen Brennraum wesentlich besser als der offene Kamin. Grundsätzlich gilt für alle Ofentypen, dass die Heizleistung so gering wie möglich gewählt werden sollte. Zu groß dimensionierte Öfen heizen zwar schnell auf, werden dann aber auch wieder ausgemacht, da sonst die Wohnung überhitzt. Die Wohnung kühlt allmählich herunter, sodass der Ofen nach einiger Zeit wieder angefeuert wird. Je höher die Ofenleistung, desto häufiger wiederholt sich dieser Prozess. Der große Nachteil: Gerade in der Startphase, nach dem Anzünden des Holzes, findet eine unvollständige Verbrennung statt, weil die Brennraumtemperatur des Ofens noch relativ niedrig ist. Bevor die 1000 °C erreicht sind, ist der Wohnraum häufig schon warm genug, sodass kein Holz mehr nachgelegt wird und das Feuer verlöscht. Diese unvollständige Verbrennung können auch Sie feststellen. Werfen Sie vor dem Haus einen kritischen Blick auf den Schornstein. Quillt daraus weißer oder gar schwarzer Rauch, so ist dies ein Signal für ungünstige Verbrennungsvorgänge. Teer, Ruß und Feinstaub rieseln nun in der Nachbarschaft herunter. Etwas besser ist es, wenn der Rauch erst in einem gewissen Abstand zum Schornstein sichtbar wird. Dann sind die Rauchgase so heiß, dass der im Rauch enthaltene Wasserdampf in der kalten Winterluft erst nach einem Meter Abstand kondensiert und Wölkchen bildet. Ist die Ofengröße richtig gewählt, mit eher knapper Heizleistung, so muss er fast den ganzen Tag laufen, um die Wohnräume auf Temperatur zu halten. Dadurch bleibt der Brennraum lange Zeit im günstigen, heißen Bereich und das Holz wird weitestgehend verbrannt. Wenn alle Voraussetzungen stimmen, kann so ein Kaminofen 60 Prozent der Holzenergie nutzen. In einer ähnlichen Größenordnung liegen auch Speckstein- und Kachelöfen sowie Zentralheizungen für Stückholz.

Einen deutlichen Fortschritt erbringt die Verwendung von Pelletöfen. Die kleinen Presslinge ermöglichen eine vollautomatische Verbrennungssteuerung. Der Ofen zündet sich selbst an, fördert Pellets aus einem Vorratsbehälter in den Brennraum, überwacht die Abgastemperaturen und bläst die passende Menge Verbrennungsluft in die Glut. So vollständig ist der Abbrand, dass Sie von draußen keine Rauchbildung mehr am Schornstein sehen. Die Holzenergie wird durch die optimierte Verbrennung zu über 80 Prozent ausgenutzt. Durch die computergesteuerten Abläufe wird Holzheizen so komfortabel wie das Heizen mit Öl. Jede Art von Ofen kann darüber hinaus noch effektiver gestaltet werden, indem man einen großen Wassertank als Pufferspeicher aufstellt, beispielsweise im Keller. Sind die Wohnräume aufgeheizt, so wird die Ofenhitze zum Erwärmen des Wassers genutzt. Bei ausgeschaltetem Ofen kann das Haus dann zunächst über den Wasserspeicher beheizt werden. Vor allem in der Übergangszeit kann die Anzahl der ineffektiven Start- und Warmlaufphasen jedes Ofens so noch einmal deutlich reduziert werden.

Egal für welches System man sich entscheidet, am Ende einer Holzverbrennung bleibt Asche übrig. Immer wieder treffe ich auf begeisterte Holzheizer, die mir erzählen, sie hätten einen Ofen gekauft, der keine Asche mehr produziere. Damit sind sie einem Marketing-Gag der Ofenverkäufer aufgesessen. Denn jede Holzverbrennung erzeugt Asche. Das hellgraue Pulver enthält nämlich nicht brennbare Bestandteile des Holzes, beispielsweise Metalloxide. Es mag Öfen geben, die diese Stäube mehr oder weniger komplett durch den Kamin pusten – dann hätten wir allerdings wieder ein Feinstaub-Problem, und solche Öfen würden künftig keine Betriebserlaubnis mehr erhalten. Gehen wir also davon aus, dass nach einigen Tagen der Aschebehälter des Ofens auszuleeren ist. Die Praxis, Holzasche als Dünger für Gemüsebeete zu verwenden, ist auch nicht ganz risikolos. Der Grund: Bei unvollständiger Verbrennung

können sich giftige Schadstoffe, beispielsweise krebserregende, polyzyklische aromatische Kohlenwasserstoffe, bilden. Das Umweltbundesamt empfiehlt daher die Entsorgung der Asche mit dem Hausmüll.
Immerhin heizen Ofenbesitzer ansonsten mit dem guten Gewissen, durch die Verwendung des nachwachsenden Rohstoffes Holz das Klima zu schonen, da ja nur das Kohlendioxid (CO_2) in die Atmosphäre entlassen wird, das vorher im Holz gespeichert war. Denn dieses Gas, das unseren Globus gegen Wärmeverlust abschirmt, wie ein Treibhaus empfindliche Pflänzchen gegen Nachtfrost, hat das Prädikat „Klimakiller“ erhalten. Durch den steigenden Gehalt von Kohlendioxid in der Lufthülle scheint die abschirmende Wirkung in den vergangenen Jahren ständig zugenommen zu haben, sodass auch vom „Treibhauseffekt“ gesprochen wird.
Pflanzen würden das naturgemäß ganz anders formulieren, wenn sie könnten. Denn ohne Kohlendioxid wäre ihnen ein Überleben nicht möglich. Mit ihm als Ausgangsbasis und der Hilfe von Sonnenlicht stellen Bäume Zucker und Holz her; ausgeatmet wird dann als „Abfall“produkt der für uns so wichtige Sauerstoff. Im Laufe eines Lebens kann ein Baum mehrere Tonnen Holz in seinem Stamm und den Ästen bilden und konserviert dadurch die Sonnenenergie und das Kohlendioxid vieler Jahrzehnte. Aber auch für einen Baum neigt sich das Leben eines Tages dem Ende zu. Sobald er und seine Blätter den letzten Atemzug getan haben, macht sich eine Armada von Bakterien und Pilzen über das Holz her, um es aufzufressen. Beim Verdauen entsteht wieder Kohlendioxid, welches diese Organismen an die Umwelt abgeben. Ist der Stamm nach vielen Jahren komplett zerlegt, haben die kleinen Totengräber exakt soviel des Gases freigesetzt, wie der Baum einst zur Holzproduktion der Luft entnommen hatte. Leben und Vergehen des Baumes haben sich auf den Kohlendioxidgehalt der Luft langfristig also nicht ausgewirkt. Ob nun Bakterien und Pilze das Holz verspeisen

oder der Mensch ein prasselndes Feuer damit entzündet, die Auswirkungen sind dieselben. Und genau das ist der Charme von Energie aus dem Wald und aus Biomasse allgemein. Mit der Verbrennung von Holz und anderen Pflanzen schließt sich ein Kreislauf, der theoretisch immer wieder von neuem beginnt: Dort, wo der gefällte und im Ofen verbrannte Baum stand, wächst nun wieder ein neuer, der ebenfalls Kohlendioxid aus der Luft entnimmt und Holz produziert, bis er eines fernen Tages wieder gefällt wird. Dieser Kreislauf fasziniert in einer Welt, in der andere Energieträger zusehends knapper werden. Energieerzeugung ohne Einfluss auf die Atmosphäre, ohne Risiken für Natur und Umwelt, das klingt fast zu schön, um wahr zu sein. Und leider klingt es nicht nur so. Denn die Natur ist nicht derart einfach gestrickt. Auch wenn anstelle des gefällten Baumes ein neuer zu wachsen beginnt, bleibt die Entnahme nicht ohne Folgen. Ein in sich ruhendes, intaktes Ökosystem Wald wird durch die regelmäßige Wiederkehr von Motorsägen und schweren Forstmaschinen so verändert, dass der Kreislauf sich allmählich in eine Einbahnstraße verwandelt. Und diese Straße entfernt die auf ihr reisenden Akteure immer weiter von einer intakten Umwelt, deren Bewahrung sie sich in großen Buchstaben auf ihre Fahnen schreiben.

Ab (in) die Wälder

Lange gab es lediglich einige Hartgesottene, besondere Naturliebhaber und Idealisten, die mit Axt und Säge den Wald aufsuchten, um ihr Heizmaterial selbst aus liegen gelassenen Baumkronen herauszuschneiden oder ganze Stämme zu fällen. Wald vor der Haustür, Motorsägen, ein Zuhause, das im Umfeld Lagermöglichkeit für mehrere Kubikmeter Brennholz bietet, oder gar ein Traktor mit Seilwinde, waren Voraussetzungen, die für die Meisten das Heizen mit

Holz unmöglich machte. Und dazu gab es noch jede Menge Schmutz gratis. Das Holz wurde in Körben vom großen Stapel draußen hereingeholt und hinterließ dabei eine Schmutzspur herausrieselnder Rindenstückchen wie bei Hänsel und Gretel. Umgekehrt musste nach dem Abbrand des Holzes im Ofen die Asche wieder nach draußen gebracht werden. Ein kleiner Luftzug nur, und schon wirbelte schwarzes Pulver durch die Luft und setzte sich auf Möbel und Tapeten. Hinzu kam die verdreckte Arbeitskleidung, die beim Ausziehen im Haus einen Teil der in Taschen und Falten versteckten Nadeln, Blätter und Zweige auf den Teppichboden entleerte. Qualmende Schornsteine, die einen Geruch von Räucherschinken verbreiteten, kündeten vom Hobby der Hausbewohner. Sie sehen, dass bisher zum Heizen mit Brennholz eine besondere Liebe zum Umgang mit diesem Energieträger gehörte. Oft wurde das Heizen mit Holz in den Zeiten niedriger Ölpreise aus reiner Freude an anstrengender körperlicher Arbeit beibehalten. „Holz macht zweimal warm" lautet daher auch ein beliebter Spruch in Fachkreisen.

Mittlerweile sind aus den Wenigen aber ganze Scharen geworden. Fast jedes neue Eigenheim sieht inzwischen einen Schornsteinzug für den Anschluss eines Ofens vor, der dann auch bald die Ausstattung des Wohnzimmers komplettiert. Sind die ersten gekauften Holzscheite verbrannt, so kommt vielen der Gedanke, man könne doch selbst für Nachschub sorgen. Das wird einem heutzutage auch sehr leicht gemacht. Die notwendige Ausrüstung gibt es in jedem Baumarkt. Eine Motorsäge, unter Kennern auch „Fichtenmoped" genannt, sowie passende Schutzkleidung sind schnell besorgt. Das harmlos wirkende Maschinchen kann jedoch gefährliche Unfälle verursachen. Neben Sägeschnitten in eigene Körperteile ist es häufig die unsachgemäße Fällung, die schwerste Verletzungen zur Folge haben kann. Auch fallen viele Bäume nicht in die anvisierte Richtung, sondern auf unbedarfte Helfer. Es ist eine eigene Kunst unter Profis, aus einer Vielzahl möglicher Sägeschnitte die richtige Kombination zusammenzustellen, damit der zu Boden donnernde Pflanzenriese keinen Schaden anrichtet und genau dort landet, wo man es sich wünscht. Viele Freizeitkünstler sägen die Bäume mangels jeglicher Fachkenntnisse jedoch einfach mit einem einzigen Schnitt ihrer Motorsäge ab. Lustig wird es allenfalls, wenn, was tatsächlich immer wieder passiert, ein in der Nähe parkendes Auto getroffen wird. Viele Ausflüge in die Natur enden aber auch tragisch. So erleiden jährlich 14 Prozent der Profis, ausgebildete Waldfacharbeiter, einen meldepflichtigen Arbeitsunfall.[4] Allein die Zahl dieser offiziell registrierten Unfälle liegt dreimal höher als im Bereich der Bauwirtschaft, dem gefährlichsten Zweig der gewerblichen Wirtschaft.[5] Aus der Gruppe der Facharbeiter und der Freizeitsäger finden zusammen genommen pro Jahr rund 100 Personen bei der Arbeit mit der Motorsäge den Tod. Die staatlichen Forstverwaltungen ziehen nun die Notbremse: Auf die Bäume losgelassen werden nur noch Personen, die zuvor einen sogenannten „Motorsägenführerschein" absolviert haben. In eintägigen Lehrgängen werden Laien in grundlegenden Sicherheitsaspekten im Umgang mit den kleinen Kraftpaketen geschult.

Trotz verschärfter Bestimmungen ist der Trend zum selbst gemachten Brennholz ungebrochen. Ländliche Gemeinden können mittlerweile kaum noch die Nachfrage bedienen, denn für den privaten Bedarf werden in den kommunalen Waldungen nur dünne Stämmchen und Kronenteile als sogenannte „Flächenlose" verkauft. Die dicken Stämme, aus denen Bretter und Bauholz gesägt werden, haben die Waldarbeiter mit Maschinenhilfe schon abtransportiert. Auf einer durch Markierungen abgegrenzten Waldfläche dürfen sich die Erwerber eines solchen Loses die Reste einer Durchforstungsmaßnahme als Brennholz zurechtsägen. Mittlerweile reicht das verfügbare Holz aber nicht mehr für alle Interessenten. Privatpersonen, aber auch große industrielle Holzverarbeiter verspüren

die Folgen der boomenden Bioenergie zunehmend in Form von Versorgungsengpässen.
Da verwundert es nicht, dass mancher auch auf andere Beschaffungsideen kommt. Stellen Sie sich überall in der Landschaft verteilte Lagerplätze vor, auf denen gefüllte Benzinkanister stehen. Die Lagerplätze sind unbewacht und nicht eingezäunt. Angesichts der aktuellen Benzinpreise würde es niemanden wundern, wenn die Kanister reihenweise gestohlen würden. Wir haben diese Lagerplätze bereits. Statt Benzin lagert dort allerdings Holz, und die Lagerplätze nennen sich Wald. In den letzten Jahrzehnten des 20. Jahrhunderts galt Holzdiebstahl in kleineren Mengen als Kavaliersdelikt. Als junger Forststudent hörte ich mir von Bekannten Geschichten über kofferraumweise gestohlenes Holz für den heimischen Kamin an. Keiner der Anwesenden fand das ehrrührig, im Gegenteil, es wurde herzhaft gelacht ob der Gewitztheit der Diebe. Was bei den damals noch geringen Holzpreisen nur ein paar Euro Schaden anrichtete, sieht heute schon ganz anders aus. Ein Raummeter Holz kann 200 Liter Heizöl ersetzen, und schon ein einziger meterlanger Scheit bringt soviel Wärme wie vier Liter des fossilen Brennmaterials. Da ist die Versuchung groß, kurz am Straßenrand zu halten und schnell ein paar Holzstücke einzupacken. Mittlerweile werden auch ganze Bäume gestohlen. Damit das entwendete Holz zu Hause gleich verfeuert werden kann, nehmen die Diebe gerne tote, aber noch stehende Bäume. Diese sind nämlich durch Wind und Wetter schon knochentrocken geworden und können, schön kleingesägt, direkt in den Ofen wandern. Dass die abgestorbenen Riesen als unverzichtbare Wohn- und Nahrungsgrundlage unzähliger Tierarten gelten, ist den illegalen Holzfällern egal. Mit nur einem Förster pro 15 Quadratkilometer mitteleuropäischer Waldfläche ist das Risiko, erwischt zu werden, relativ gering. Andere Biomasse, wie Chinagras oder Raps, ist nicht so gefährdet, da sie nicht ohne aufwändige Prozesse verwendet werden kann.

Noch hält sich die Menge der entwendeten Holzmasse in Grenzen, aber bei weiter steigenden Energiepreisen wird auch die Zahl der Selbstbediener wachsen.

Ölscheich in Grün

Heizen mit Holz ist inzwischen – im wahrsten Sinne des Wortes – wieder salonfähig geworden. Und noch kommt der Rohstoff in Mitteleuropa ganz überwiegend aus den heimischen Wäldern, erst ein ganz geringer Teil wird importiert. Denn Brennholz hat im Vergleich zu Bau- oder Möbelholz einen relativ geringen Wert bei großem Volumen und hohem Gewicht. Der Transport über größere Entfernungen ist, bezogen auf den Heizwert, vergleichsweise teuer. Für andere Holzprodukte sieht das schon ganz anders aus. Die EU importierte nach Angaben der Umweltschutzorganisation WWF allein im Jahr 2003 Holz und Waren auf Holzbasis im Wert von 5,2 Milliarden Euro, Tendenz steigend. Da auch andere Großabnehmer, wie China oder die USA derartige Importe laufend steigern, zeichnen sich künftige Versorgungsengpässe bereits deutlich ab. Der Druck, noch ungenutzte Waldstücke in Mitteleuropa aufzuspüren, wächst. Staatliche Forschungseinrichtungen untersuchen mit aufwendigen Waldinventuren den Zustand der Wälder und geben Auskunft darüber, wie hoch die Holzvorräte und die jährlich nachwachsende Holzmenge sind. Ein besonderes Augenmerk gilt dabei den Kleinprivatwäldern. Das sind kleine Parzellen im Eigentum von Privatpersonen, die diesen in der Regel durch ein Erbe zugefallen sind. In der Vergangenheit war im ländlichen Raum die Realteilung ein beliebtes Verfahren zur Vererbung eines Landbesitzes. Dazu wurden die vorhandenen Parzellen unter den Nachkommen aufgeteilt. Die Zahl der Erben überstieg jedoch meist die Zahl der Parzellen; hinzukam, dass jeder anteilig Acker- und Waldland besit-

zen wollte. Folglich wurden die Parzellen aufgeteilt und so eingemessen, dass jeder Erbe einen gerechten Teil erhielt. Mit jeder Generation, jedem Erbgang wurden die Parzellen kleiner und kleiner, bis bei den wenige Meter breiten Grundstücken eine sinnvolle Bewirtschaftung nicht mehr möglich war. Was nützte es, wenn über viele Erbgänge schließlich jeder etliche Kleinstparzellen besaß, diese aber nicht nebeneinander lagen? Die Folge war, dass Waldbesitzer oft das Interesse an ihrem Grundbesitz verloren. Im landwirtschaftlichen Bereich helfen Flurbereinigungen seit vielen Jahrzehnten wieder größere Grundstücke herzustellen. Dazu kommen alle Kleinparzellen quasi in einen großen Topf, und die Grundstücksgrenzen werden neu zugeschnitten. Jeder erhält seine alte Gesamtflächengröße zurück, nun aber in einem Grundstück, wenn auch meist an anderer Stelle. Damit ist dann wieder sinnvolle Landwirtschaft möglich. Im Wald dagegen hat es solche Flurbereinigungen nur in wenigen Gegenden gegeben. Daher schlummern viele dieser kleinen Grundstücke noch einen Dornröschenschlaf. Waldbewirtschaftung fand dort seit Jahrzehnten nicht statt. Viele Besitzer wissen oft nicht einmal, wo ihre Grundstücke sind.
In Deutschland sind 44 Prozent des Waldes in Privathand.[6] Rund zwei Millionen Eigentümer besitzen durchschnittlich je 2,4 Hektar Fläche. Auch wenn manche dieser Grundstücke intensiv genutzt werden, so gilt das für einen großen Teil solcher Waldflächen nicht. Für die Natur ist das ein Glücksfall. Ungestört können sich in diesen Bereichen, die zudem häufig nicht durch Waldwege erschlossen sind, seltene Tier- und Pflanzenarten ausbreiten, ohne dass je ein menschliches Wesen ihr Dasein stört. Andererseits schlummert in diesen Waldteilen noch ein bedeutsames Holzpotenzial, welches weitere Öl- und Gasmengen ersetzen könnte. Sowohl die ungestörte Entwicklung, als auch die Nutzung können Vorteile für die Umwelt bringen. Artenschutz und Unberührtheit werden hier gegen den Einsatz klimafreundlicher, nachwachsender Rohstoffe in

die Waagschale geworfen. Eine öffentliche Diskussion zur Abwägung von Pro und Contra findet für die mitteleuropäischen Wälder momentan nicht statt, vielmehr haben Forstverwaltungen und Industrie die Nutzung der brachliegenden Rohstoffreserven bereits in Angriff genommen. Umweltschutzorganisationen reagieren dagegen noch nicht nennenswert auf den sich abzeichnenden Weckruf für diese ruhenden Wälder.

Für staatliche Forstverwaltungen ist die Erschließung neuer Potenziale für den Holzmarkt aber nur ein willkommenes ökologisches Feigenblatt. Die nackte Wahrheit darunter ist, dass es eher um die Sicherung von Beamtenstellen geht. Nachdem der öffentliche Dienst seitens der Parlamente zu starken Einsparungen verpflichtet wurde, streichen die Forstbehörden Jahr für Jahr Forstreviere zusammen und bilden daraus größere Einheiten. Die überflüssig gewordenen Förster ohne Revier kann man nicht so einfach auf die Straße setzen, weil die meisten von ihnen Beamte auf Lebenszeit sind. Also brauchen sie neue Betätigungsfelder. Jetzt gerät der viele Jahre lang kaum beachtete Privatwald ins Visier. Die kleinen Parzellen, oft weit verstreut in der Landschaft, bedeuten eigentlich viel Aufwand für wenig Umsatz. Das Holz, welches der Besitzer nicht für den Eigenbedarf verwendet, kann er gegen Gebühr von sogenannten Privatwaldbetreuern vermarkten lassen. Diese Mitarbeiter der Forstverwaltung beauftragen dann Einschlagsfirmen mit der Holzernte und verkaufen das Holz. Um eine attraktive und gut zu vermarktende Menge zu erhalten, muss das Holz vieler Kleinparzellen zusammengefasst werden. Eine mühevolle Angelegenheit, die für jede LKW-Ladung an Baumstämmen etliche Gespräche mit Waldeigentümern, viele Waldbesichtigungen und hunderte zu fahrende Kilometer auf Schotterpisten notwendig macht. Privatwaldbetreuung war daher unter Förstern bis vor wenigen Jahren nicht sehr beliebt, stattdessen konzentrierte man die beruflichen Anstrengungen lieber auf die großen geschlossenen Waldgebiete der Länder und Kommunen. Mit dem Wegfall zahlreicher Planstellen im Bereich derartiger Reviere hat sich die Sichtweise geändert. Es gilt das Motto: Besser irgendeine Beschäftigung im Wald als einen Schreibtischjob in einer nachgeordneten Behörde. Pilotprojekte zur Hebung verborgener Holzschätze schießen plötzlich wie Pilze aus dem Boden. Teilweise werden unentschlossene Waldbesitzer massiv bedrängt, sich doch bitte mit anderen zu größeren Bewirtschaftungsgemeinschaften zusammenzuschließen. Denn erst große, zusammenhängende Flächen sind für die vom Förster ausgesuchten Holzeinschlagsfirmen interessant, da ansonsten der ständige Transport der schweren Maschinen von einer kleinen Waldparzelle zur nächsten zuviel Zeit und damit Geld kosten würde. Viele Förster aus wegrationalisierten Revieren flüchten in diese Nische, und einst ruhige Ecken erwachen unsanft unter dem Ansturm von Erntemaschinen. Auch das holzverarbeitende Gewerbe drängt auf die Erschließung dieser Waldstücke.

Und nicht nur Industrie und Forstwirtschaft haben ein Auge auf diese Parzellen geworfen. Unter den Waldbesitzern macht sich zunehmend Unruhe wegen einer ganz anderen Entwicklung breit. Immer dreistere Betrüger haben es auf Erbengemeinschaften abgesehen. Diese Eigentümergruppen bestehen meist aus vielen Verwandten, die einzelne, oft kleine Parzellen geerbt haben. Da für eine Bewirtschaftung stets alle ihr Einverständnis geben müssen, macht niemand mehr etwas im Wald, weil der Prozess der Entscheidungsfindung einfach zu mühsam ist. Allzu gerne werden diese Parzellen verkauft, da der Wald dann in Form von Geld gut aufzuteilen ist. Genau hier setzen in den vergangenen Jahren vermehrt Gauner an. Sie haben sich über dunkle Kanäle die nicht öffentlich zugänglichen Katasterdaten besorgt. So kennen diese zwielichtigen Gestalten jede Waldparzelle mit Nummer, Größe und Adresse des Besitzers. Alle nur infrage kommenden Personen erhalten einen

Haustürbesuch von liebenswürdig auftretenden „Fachleuten". Diese heucheln Interesse am Kauf der Parzellen und lassen sie sich zeigen, um die Abgrenzungen zu kennen. Monate später dann tauchen sie mit Vollerntemaschinen und LKWs auf, um in Windeseile alle Bäume abzuholzen und die Stämme zu verladen. 10 000 bis 20 000 Euro kann so eine Aktion, die häufig nachts durchgeführt wird, selbst in kleinen Waldstücken bringen. Der Kahlschlag ist alles, was die Mitglieder der Erbengemeinschaft noch zu sehen bekommen. Die Beweislage ist schwierig, schließlich müssten die Betrüger in flagranti ertappt werden. Übrig bleiben nur die Kosten für eine Wiederaufforstung. Doch auch legale Wege lassen Schlupflöcher, die der Gesetzgeber so sicher nicht im Sinn hatte. Ist der Kaufpreis der Parzelle niedrig, so schlagen radikale Plünderer zu, und dies ist wörtlich zu nehmen. Sobald das Grundstück im Grundbuchamt auf den Namen der neuen Besitzer umgeschrieben ist, wird der gesamte Wald abgeholzt. Oft mehr als der fünffache Ankaufpreis klingelt nach Abzug aller Unkosten in der Kasse, rein finanziell ein lohnendes Unterfangen. Die verwüstete Parzelle bleibt trotz gesetzlichem Aufforstungsgebot einfach liegen und verbuscht mit den Jahren. Der neue Besitzer hat daran kein Interesse mehr und wendet sich anderen Waldstücken zu, die zum Verkauf stehen. Behördliche Anordnungen oder anwaltliche Schreiben geprellter Waldbesitzer bleiben in der Regel folgenlos, da derartige Druckmittel im Dickicht von Insolvenzen, Firmenumschreibungen auf Familienmitglieder der Betrüger und Ähnlichem versanden. Als Förster kann man zwar durch Aufklärungsarbeit bei der Bevölkerung bewirken, dass solchen „Geschäftsleuten" immer öfter die Tür vor der Nase zugeschlagen wird. Dennoch gelingt es diesen immer wieder, ahnungslose Waldbesitzer zu täuschen, deren Bäume dann über Nacht verschwinden.

Insgesamt steigt aktuell jedoch das Interesse am eigenen Wald deutlich an, sodass sich mehr und mehr Besitzer gut informieren und intensiver mit ihrem baumbestandenen Grundbesitz beschäftigen, schließlich handelt es sich um Produktionsstätten für nachwachsende Energie. In Fachkreisen geht daher auch das geflügelte Wort von den Waldbesitzern als Ölscheichs von Morgen um. Und es gibt mehr solcher Glückspilze, als man meinen könnte. In Deutschland gehören rund 48 000 Quadratkilometer Waldfläche Privatpersonen. Staats- und Kommunalwälder machen die restliche Fläche aus, die sich streng genommen auf 82 Millionen Besitzer verteilt, nämlich auf alle Einwohner. In Österreich sind 24 000 Quadratkilometer Waldfläche in privater Hand, EU-weit liegt die Fläche in Privatbesitz bei 1,16 Millionen Quadratkilometer. Nach langen Jahren der Flaute im Holzgeschäft haben Waldbesitzer angesichts der Zukunftsaussichten eines umkämpften Holzangebotes plötzlich gut lachen. Absatzprobleme gehören der Vergangenheit an, finanziell winken fast allen Waldbetrieben goldene Zeiten. Für den Wald sieht die Zukunft jedoch eher düster aus.

2

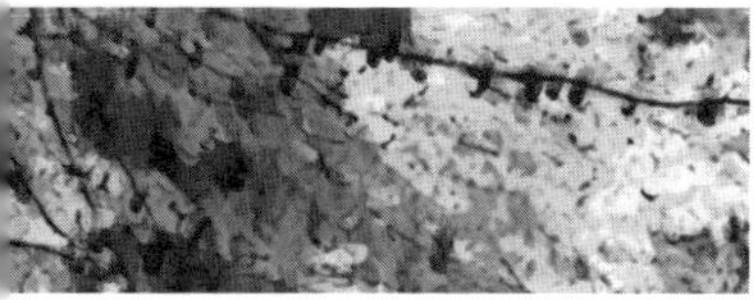

Lebensraum Wald

Nachhaltige Verarmung

Durch die steigende Nachfrage sind die Möglichkeiten der Holznutzung im Wald weitgehend ausgeschöpft. Oder doch nicht? Was ist eigentlich mit dem ganzen Holz, das nach den Holzerntemaßnahmen nutzlos im Wald verfault? Abgesägte Meterstücke, dicke Baumkronen und sogar ganze, abgestorbene Bäume waren bis vor kurzem wirtschaftlich uninteressant. Großzügig behaupteten die staatlichen Forstverwaltungen, dass das Verbleiben dieser Reste im Wald Teil einer an die Natur angelehnten Waldwirtschaft sei und gar absichtlich so geschehe. Und tatsächlich, für viele Tierarten, aber auch Pilze, sind besonders dicke Stämme und Stammteile für das Überleben von Bedeutung. So ernähren sich beispielsweise rund 1600 Insektenarten von toten oder absterbenden Bäumen, zahlreiche von ihnen auf der „Roten Liste“ der vom Aussterben bedrohten Arten. Der Grund der Bedrohung: Im Rahmen der modernen Forstwirtschaft werden Bäume nicht mehr so alt, dass sie ihren natürlichen Tod sterben dürften. Nach Ablauf des ersten Lebensdrittels werden sie in der Blüte ihrer Jahre gefällt. Dicke, langsam absterbende Buchen und Eichen gibt es praktisch nicht mehr, und die wenigen Reste, die die Waldarbeiter nach der Fällung im Wald liegenlassen, weil sie faul und unbrauchbar sind, reichen für etliche Arten einfach nicht mehr aus.

In einem mitteleuropäischen Urwald stehen und liegen bis zu 20 000 Kubikmeter dickes Tot- und Faulholz pro Quadratkilometer herum. Ein bewirtschafteter Forst bietet den Waldbewohnern oft nur noch 100 Kubikmeter an dickeren Stammresten. Die Bundeswaldinventur weist für den deutschen Durchschnittswald dagegen 1200 Kubikmeter pro Quadratkilometer aus. Österreich meldet aus ähnlichen Untersuchungen dieselbe Menge, die Schweiz hat mit 610 Kubikmetern nur die Hälfte davon ermittelt.[7] Allerdings wurden dabei auch Bruchstücke, Baumstümpfe und Reste der Holzabfuhr mit eingerechnet, die ökologisch geringerwertig einzustufen sind. Egal wie hoch die Menge nun tatsächlich ist, sie kann nur ein schwacher Schatten der ursprünglich im Urwald vorhandenen Lebensgrundlage sein. Und der größte Teil dieser Holzreste verblieb ja nicht aus Naturschutzgründen im Wald, sondern nur deshalb, weil er schlicht nicht verkaufsfähig war. Schauen Sie sich bei Ihrem nächsten Waldspaziergang einmal die meist meterlangen Stammstücke an, die nach einer Durchforstung dort herumliegen. Dunkle Faulflecke oder gar richtige Faulhöhlen dieser Stücke machen eine Verarbeitung zu Brettern oder Papier unmöglich. Verursacht werden die Veränderungen durch Pilze, die das Holz besiedeln und zersetzen. Die befallenen Stammteile werden von den Waldarbeitern abgesägt und liegen gelassen, da die Abnehmer Holz mit solchen Merkmalen nicht akzeptieren. Auch die Baumstümpfe verbleiben als momentan nicht verkaufsfähige Biomasse im Wald. Lediglich dicke, abgestorbene Bäume, die im Wald verbleiben dürfen, sind ein echtes Zugeständnis an den Naturschutz. Wie ernst es den Forstverwaltungen mit dem Verzicht auf Nutzung aller Holzteile tatsächlich ist, kann man bereits jetzt bei Holzerntemaßnahmen verfolgen. Die liegenbleibenden Reste werden angesichts der steigenden Holzpreise immer kärglicher. Vor 2006 erzielte man für Holz, welches mit Faulflecken behaftet war, abzüglich der Betriebskosten nur 1 Euro pro Kubikmeter als Gewinn. Wurden statt Unternehmen staatliche Waldarbeiter eingesetzt, so entstanden für die Verwaltungen sogar etliche Euro Verlust. Kein Wunder, dass man solches Holz in der Vergangenheit lieber im Wald beließ. Dass dies gleichzeitig der Natur zugute kam, war ein schöner Nebeneffekt, den man PR-wirksam nutzte. Aber seit Ende des Jahres 2006 steigen die Preise, abgesehen von der kurzen Marktstörung durch Sturm „Kyrill", deutlich an. Auch für angefaultes Holz können seitdem Reingewinne von über 20 Euro je Kubikmeter erzielt werden. Jetzt zeigt sich, welchen Rang die Totholzbelassung für Naturschutzzwecke wirklich hat. Offensichtlich findet sich das Thema plötzlich auf einem der hinteren Plätze wieder, denn auch minderwertiges Holz wird seit der Preissteigerung in vielen Betrieben restlos aus dem Wald entfernt und verkauft.

Dabei schreibt sich gerade die deutsche Forstwirtschaft auf die Fahnen, die Nachhaltigkeit erfunden zu haben. Tatsächlich formulierte schon im Jahre 1713 ein Forstverwalter, Hans Carl von Carlowitz aus Sachsen, diesen Begriff. Darunter verstand man bis in die 1980er-Jahre, dass nicht mehr Holz geerntet wird, als in den bewirtschafteten Wäldern nachwächst. Der Forst wurde dazu in lauter annähernd gleich große Parzellen aufgeteilt. Für eine Baumart, die für ihr Wachstum 100 Jahre benötigt, wurden beispielsweise 100 Parzellen ausgewiesen. Wenn man nun jährlich eine Parzelle abholzte und eine Parzelle wieder aufforstete, so nahm die Waldfläche nicht ab. Das klang zunächst sehr plausibel, da bei entsprechender Kontrolle auch die Holzvorräte in den Forsten nie absinken konnten. So sollte für kommende Generationen sichergestellt sein, dass diese ebenfalls ausreichend mit Holz versorgt sein würden. Dieses „Kästchenschema“ erkennen Sie heute noch, wenn Sie sich bewaldete Bergzüge einmal von Weitem ansehen. Schön sauber abgegrenzt sind auf jeder einzelnen Parzelle meist nur ein bis drei Baumarten gleichen Alters angepflanzt. Mit dem Nebeneinander von Jung und Alt, Sämlingen und Baumriesen wie im natürlichen Wald hatte das Ganze nichts mehr zu tun. Im Laufe des 20. Jahrhunderts erkannten dann auch Naturschützer, dass mit dieser Definition von Nachhaltigkeit keineswegs gewährleistet war, dass die Wälder und ihre Bewohner in vollem Umfang erhalten blieben. Sich ständig weiter ausbreitende Fichten- und Kiefernplantagen ließen zwar die verfügbare Holzmenge stetig steigen, gleichzeitig nahm aber die Zahl der heimischen Tiere und Pflanzen dramatisch ab. Diese, an den alten Buchenurwald angepasst, fanden in den Nadelforsten keine Lebensgrundlagen mehr. Da weltweit ähnliche Prozesse abliefen, wurde der Begriff der Nachhaltigkeit unter anderem durch die Konferenz für Umwelt und Entwicklung der Vereinten Nationen in Rio de Janeiro 1992 anders geprägt. Die Definition umfasst seit dieser Zeit nicht nur den Rohstoff Holz, sondern das gesamte Ökosystem mit all seinen Aspekten.

Diese biologische Nachhaltigkeit einzuhalten, ist bedeutend schwieriger, weil man dazu das Ökosystem Wald genau kennen muss. Und genau hier taucht das größte Problem auf: Die Wälder, egal ob am Rhein oder am Amazonas, sind bei weitem noch nicht endgültig erforscht, ständig werden etwa neue Kleinstlebewesen entdeckt. Selbst die Lebensprozesse der Bäume sind vielfach unverstanden: So ist beispielsweise der Wassertransport von den Wurzeln bis zur Krone bis heute nicht schlüssig zu erklären. Und solange man die Ausgangsdaten eines solchen Ökosystems nicht kennt, lassen sich auch die Auswirkungen eines Eingriffs nicht abschätzen, geschweige denn vorhersagen. Wenn, wie überall in Mitteleuropa, Laubwälder durch Nadelholzplantagen ersetzt werden, stellt dies unbestreitbar einen Verstoß gegen die neue Definition der Nachhaltigkeit dar. Kommt noch weitgehende Unkenntnis über die Anzahl der Arten und deren Wirken im Ökosystem Wald hinzu, können Holzeinschläge in ihren Konsequenzen nicht mehr beurteilt werden. Den Forstverwaltungen, die in bunten Broschüren mit nachhaltiger Wirtschaft werben, kann man allenfalls ein gutes Marketing bescheinigen. Zumindest solange die Öffentlichkeit wenig über die tatsächlichen Folgen der Holzernte erfährt.

Eine Beeinträchtigung des Naturhaushaltes haben Sie schon kennen gelernt: Die Nutzung abgestorbener Bäume und Holzreste, verbunden mit der Vernichtung der Lebensgrundlage vieler Insekten und Pilze. Das ist aber nur die Spitze des Eisbergs der Schäden, die der Natur durch die intensive Holznutzung zugefügt werden.

Böden: Keller und Speicher

Ursprüngliche Waldböden sind etwas außerordentlich Kostbares und Empfindliches, denn sie besitzen besondere Eigenschaften. So sind sie beispielsweise von einem Netz aus kleinen und großen Luftkanälen und vielen Poren durchzogen. Auch in mehreren Metern Tiefe können so luftabhängige Lebewesen existieren. Niederschlagswasser dringt leicht durch die Oberfläche und versickert dann langsam in den millionenfachen Hohlräumen, bis es nach etlichen Jahrzehnten das Grundwasser erreicht. Sehr viel von dem kühlen Nass wird auch über Wochen in den oberen Schichten gespeichert und steht dann in Trockenperioden den Bäumen zur Verfügung. Rund 200 Liter Wasser können unter jedem Quadratmeter eines intakten Waldbodens schlummern, davon 50 Liter allein in den oberen zehn Zentimetern.[8] Selbst nach heftigen Regenfällen sickert nahezu das gesamte Wasser schön langsam durch alle Bodenschichten, bis diese dann gesättigt sind. Der Rest, etwa 30 Prozent, wird nach dem Durchlaufen dieses natürlichen Filters frisch und sauber an das Grundwasser abgegeben. Der große Vorrat an lebenswichtigem Nass hilft, auch trockene Sommer, wie etwa den des Jahres 2003, ohne größere Blessuren zu überstehen.

Und die feuchte Erde unter den Bäumen ist bis heute noch voller Geheimnisse. Wissenschaftler vermuten viele unentdeckte Arten von Kleintieren, Bakterien und Pilzen in diesem dunklen Lebensraum. In jeder Handvoll Walderde verbergen sich mehr dieser Lebewesen, als es Menschen auf unserem Planeten gibt. Sie sorgen zusammen für den Erhalt der Nährstoffkreisläufe. Auf einer fußballfeldgroßen Fläche verlieren die Bäume pro Jahr 30 Millionen Blätter. Zerkleinert und verdaut stellt das Millionenheer der fleißigen Helfer die darin enthaltenen Nährstoffe den Bäumen wieder zur Verfügung. Ohne die kleinen Untermieter würden Buchen und

Eichen regelrecht im eigenen „Müll" ersticken. Auch die Mineralien im Boden, von den Wurzeln zusammen mit Wasser fortwährend herausgesaugt, gingen innerhalb eines Baumlebens zur Neige, wenn sie in Form von Blättern nutzlos zu Füßen der Stämme herumlägen. Asseln, Hornmilben und Springschwänze sind zwar aus der Sicht des Menschen keine Stars unter den Waldtieren, dürfen aber in ihrer Bedeutung für die Bäume höher eingeschätzt werden als Säugetiere oder Vögel. Nur sie sorgen für eine Rückführung, für ein Recycling des überflüssig gewordenen Inventars eines Waldes. Ein immerwährender Kreislauf also.

Für solch ein komplexes Ökosystem wirkt sich der Einsatz großer, schwerer Maschinen verheerend aus. Durch das Gewicht, mehr aber noch durch die Vibration der leistungsstarken Motoren wird die Erde wie durch eine Dampfwalze verdichtet. Die feinen Luftkanäle fallen zusammen, und ein Großteil der kleinen Poren wird zusammengequetscht. In Sekundenschnelle ist der Boden so bis in 2,5 Meter Tiefe völlig verändert. Das vorher aus feinen Krümelchen bestehende Gefüge sieht hinterher aus wie Blätterteig. Gleich einem Nudelholz bewirken die Erschütterungen zusammen mit den Reifen, dass das Erdreich sich zu flachen Plättchen umformt, die alle parallel zur Oberfläche verlaufen. Nach oben und unten existieren keine Verbindungen mehr. Die Folge: Luftabhängige Lebewesen ersticken. Die bisher unentdeckten Bodenbewohner verschwinden aus solchermaßen malträtierten Waldgebieten, noch bevor sie ein Forscherauge zu Gesicht bekommt. Ihre Bedeutung für den Nährstoffkreislauf des Waldes, für die Gesundheit der Bäume, aber auch als Quelle neuer Stoffverbindungen etwa zur Medikamentenherstellung, wird man nie erfahren. Ein Aderlass, den wir uns nicht leisten sollten.

Mindestens genau so dramatisch ist der Verlust der Speicherfähigkeit befahrener Waldböden für Wasser. Das von schwerstem Gerät überrollte Erdreich kann kaum noch Niederschläge aufnehmen.

Fatal angesichts des sich abzeichnenden Klimawandels mit einer möglichen Häufung trockener Sommer. Konnten sich die Bäume bisher auf ihren „Keller" mit den kühlen Vorräten verlassen, so werden sie nach einer derartigen Behandlung vergeblich ihre durstigen Wurzeln in die Tiefe strecken, wenn die Sonne heiß vom Himmel brennt. Eine derartige Bodenverdichtung durch schwere Maschinen lässt sich in Generationen nicht mehr rückgängig machen, sodass das Waldökosystem in den befahrenen Bereichen langfristig geschädigt bleibt. Eine Fachzeitschrift fragte kürzlich besorgt: „Lässt sich das ‚Großraumexperiment Waldbodenverformung' stoppen?"[9] Leider sieht es im Moment nicht so aus, da der Einsatz schwerer Maschinen derzeit überall noch gesteigert wird. Für das Wachstum und die Gesundheit der Waldbäume ist ein intakter Boden aber eine Grundvoraussetzung. Wird er dermaßen misshandelt, brauchen sich die zuständigen Förster über kranke Bäume nicht zu wundern. Die kurzfristige Ersparnis durch Maschineneinsätze wird durch langfristige Waldschäden wieder aufgezehrt.

Ein weiteres Problem entsteht durch die Holznutzung. Im Holz, ganz besonders aber in der Rinde stecken viele wichtige Mineralien. Diese für Bäume lebenswichtigen Bausteine lassen sich nicht vermehren, nur in einem intakten Nährstoffkreislauf werden sie quasi ständig recycelt. Entnimmt der Förster jedoch die Stämme, entfernt er damit auch zwangsläufig diese Stoffe. Nun sind im reinen Holz vergleichsweise wenig davon gespeichert, der Löwenanteil ist in der Rinde und im Blattwerk eingelagert. Es gilt also Augenmerk darauf zu legen, dass Holz mit prozentual hohem Rindenanteil, also dünne Äste sowie Blätter und Nadeln, möglichst im Wald verbleibt. Das ist in Mitteleuropa bisher auch so gehandhabt worden. Wie bereits anklang, läuft die aktuelle Entwicklung im Wald aber in eine ganz andere Richtung.

Schützenswerten Boden gibt es aber auch außerhalb der Forste. Äcker und Wiesen bedecken den größten Teil der mitteleuropäischen Landschaft. In Bezug auf Veränderungen hat in Europa schon die Hälfte aller landwirtschaftlich genutzten Böden einen traurigen Tiefpunkt erreicht. Ständig befahren, und damit in ihrem Gefüge verändert, werden sie kaum wieder ihre vollen natürlichen Funktionen wahrnehmen können. Viele Tier- und Pflanzenarten sind aus ihnen verschwunden, und die Wasseraufnahmefähigkeit ist massiv gestört. Der Schaden wird nur deshalb nicht wahrgenommen, weil Nutzpflanzen sich in der Regel mit wenigen Zentimetern der oberen Bodenschicht zufriedengeben. Die tieferen Schichten, unerreichbar für den auflockernden Pflug der Bauern, bieten zerquetscht und verdichtet nur noch ein Zerrbild des ursprünglichen Erdreiches. Dass hier einst Urwälder mit mächtigen Buchen standen, ist kaum noch vorstellbar. Viele Forstverwaltungen gehen derart rücksichtslos mit den verbliebenen Waldböden um, dass diese in einer nicht allzu fernen Zukunft das Schicksal der Ackerflächen teilen werden. Echte Nachhaltigkeit, mit deren Erfindung sich Förster noch heute schmücken, sieht ganz bestimmt anders aus.

Waidmannsheil

Wenige tausend Menschen in Mitteleuropa bestimmen maßgeblich das Aussehen und die Leistungsfähigkeit von rund einem Drittel der gesamten Landfläche. Es handelt sich um die Gruppe der Jäger, die Wiesen und Wälder für ihr Hobby gepachtet haben. Entgegen landläufiger Meinung möchten die meisten von ihnen gar nicht viele Tiere schießen, sondern stattdessen möglichst große Trophäen erbeuten. Solcher Wandschmuck für das Wohnzimmer besteht aus den Geweihen von Rehen und Hirschen sowie den mächtigen Eckzähnen von Wildschweinen. Um nun regelmäßig Tiere mit beeindruckendem Kopfschmuck erlegen zu können, muss im Revier ein Bestand von etwa 100 Tieren vorhanden sein.

Nur dann findet sich unter ihnen statistisch gesehen jedes Jahr ein Exemplar mit besonders mächtigem Geweih für das traute Heim des Waidmannes.
Die durchschnittliche Fläche eines Jagdreviers beträgt drei bis vier Quadratkilometer. Von Natur aus würde hier in Bezug auf Wildtiere gähnende Leere herrschen. Wenige Rehe und höchstens ab und an ein Hirsch auf dem Durchzug bevölkerten den ursprünglichen Wald. Dieser hatte vor allem im Winter kaum Nahrung zu bieten; lediglich Knospen junger Bäume sowie hier und da vertrocknete Kräuter aus dem vorherigen Sommer standen für hungrige Pflanzenfresser zur Verfügung. Und an diesem Nahrungsengpass in der kalten Jahreszeit richtete sich der Tierbestand von Hirsch, Reh und Wildschwein aus. Für Jäger ist das alles andere als attraktiv. Ein Wildvorkommen auf natürlichem Niveau würde kaum jagdliches Vergnügen, geschweige denn Erfolg in Form von Trophäen bedeuten. Schon seit vielen Jahrzehnten helfen die Waidmänner daher der Natur etwas nach. Mit massiven Futtergaben im Winter bewirken sie, dass auch schwache Tiere den nächsten Frühling erleben. Hierdurch wird die Zahl der Tiere so erhöht, dass sie teilweise das 30-fache des natürlichen Niveaus erreicht. So lässt es sich viel bequemer jagen, immer ist etwas Passendes in Sichtweite. Der Nachteil: In der kalten Jahreszeit fressen Reh und Hirsch zusätzlich zum angebotenen Futter, wie gewohnt, Knospen junger Bäume, vor allem von Eiche und Buche. Das war in früheren Zeiten für den Laubbaumnachwuchs auch kein Problem, gab es doch kaum Pflanzenfresser im Wald. Die durch die Jäger herangepäppelten Heerscharen machen heutzutage allerdings Tabula rasa mit Buchen- und Eichensämlingen. Nur wenn gar nichts mehr zu beißen übrig bleibt, vergreifen sich die Pflanzenfresser auch an Fichten und Kiefern. Diese Nadelbäume stellen quasi die Brennnesseln und Disteln des Waldes dar. Analog zu einer abgefressenen Viehweide, bei der die grasenden Kühe nur die genannten wehrhaften Pflanzen ver-

schonen, lassen Rehe und Hirsche nach dem massiven Winterfraß oft nur die nadelbesetzten und wenig schmackhaften, in weiten Teilen Mitteleuropas aber nicht heimischen Bäume übrig. Dies ist übrigens der Hauptgrund für den hohen Nadelholzanteil in europäischen Wäldern. Ohne die Anpflanzung solcher Baumarten würde vielfach gar kein Wald mehr wachsen. Mancherorts sind die Wildbestände allerdings so hoch, dass selbst Fichten keine Chance mehr haben. Auf den abgefressenen Waldflächen siedeln sich dann Ginster, Schwarzdorn, Fingerhut und Sauergräser an, Pflanzen, die dem Wild ebenfalls nicht schmecken und teilweise sogar giftig sind. Die Zahl der Parzellen im Wald, auf denen nur noch stachelige Büsche wachsen, wird ständig größer. Achten Sie bei Ihrem nächsten Waldspaziergang doch einmal auf solche Ecken. Gras beispielsweise, von Natur aus den Bäumen deutlich unterlegen, signalisiert bei flächigem Auftreten im Wald ganz klar die geschilderten Zustände.

Und was hat das Ganze mit Bioenergie zu tun? Viel mehr, als man auf den ersten Blick meint. Holz bildet sich nun einmal nur an Bäumen, und wo diese schon im Jugendstadium aufgefressen werden, fällt mit dem jungen Wald auch die Holzproduktion aus. Die ständige Beweidung durch viel zu viele Wildtiere entzieht den Böden zusätzlich Nährstoffe und damit ihre Leistungsfähigkeit. Ohne schattenspendenden Baumbewuchs schutzlos der Sonne preisgegeben baut sich auch die wertvolle Humusschicht innerhalb weniger Jahre ab. Die derart geschwächten Böden werden zwar vielleicht irgendwann einmal wieder aufgeforstet. Aber zum einen ist dann schon entsprechend viel Zeit für die Holzproduktion verschenkt worden, und zum anderen kränkeln die neuen Bäume auf dem ausgelaugten Erdreich vor sich hin. Machen wir einmal eine, eher vorsichtige, Rechnung auf: Nehmen wir an, diese Vorgänge würden den Wald nur zehn Prozent seiner Leistungskraft kosten (es ist sicher wesentlich mehr). Nehmen wir jetzt als Basis die rund 100 Millionen Kubikmeter Holz, die allein in Deutschland laut Bundeswaldinventur jährlich geerntet werden könnten. Dieses Potenzial wäre folglich mehr als zehn Millionen Kubikmeter größer, wenn eine kleine Minderheit nicht rücksichtslos ihrem Hobby frönen würde. Der Gesamtwert dieser fehlenden Holzmasse beläuft sich jedes Jahr auf mindestens 500 Millionen Euro. Wollte man diese Hölzer per Lastwagen transportieren, so bräuchte man 250 000 Fahrzeuge. Das wäre eine LKW-Schlange, Stoßstange an Stoßstange, von über 4000 Kilometern Länge. Einmal abgesehen von den ökologischen Waldschäden durch diese Art der Wildzüchtung, ist es auch politisch nicht in Ordnung, einer kleinen Minderheit derart freien Lauf auf Kosten der Allgemeinheit zu lassen.

Ratzeputz leergefegt

Die bisherige Nutzung der Wälder, auch unter Einbeziehung minderwertiger Holzstücke, kann die ständig steigende Nachfrage nicht befriedigen. Zudem klaffen trotz steigender Einnahmen aus dem Holzverkauf weiterhin große Lücken in den Finanzen öffentlicher Forstverwaltungen. Die verstärkte Nutzung von Großmaschinen zur Holzernte gilt als eines der geeigneten Mittel, Kosten zu reduzieren und die Bilanzen endlich zu verbessern. Bisher bremsen aber Wanderer, die sich über Wege und Waldflächen mit tiefen Fahrspuren beschweren, den hemmungslosen Einsatz von derartigen Schwergewichten. Da ist es ganz praktisch, wenn in Nachbarländern ohne Rücksicht auf ökologische Belange gewirtschaftet wird. Neueste Entwicklungen kann man dort wie in einem riesigen Freiluftlabor beobachten. Schweden hat als Land mit einer großen Waldfläche, aber geringen Bevölkerung, zusammen mit Finnland schon lange eine Pionierstellung in der Entwicklung moderner

Forsttechnik. Hier brummten bereits Anfang der 1980er-Jahre viele Vollerntemaschinen durch den Wald, während die meisten Förster in Deutschland, Österreich und der Schweiz solche Ungetüme nur aus den Fachzeitschriften kannten. Vier bis acht riesige Räder, einen motorsägenbestückten, zehn Meter langen Greifarm, Bordcomputer mit Joysticks und ein Gewicht von 15 Tonnen: Das ist schon ein beeindruckender Anblick. Zehn bis zwölf Waldarbeiter ersetzt so eine Maschine, und sie arbeitet etwa drei- bis viermal billiger als die menschlichen Kollegen. Das erschien den finanziell gebeutelten Forstbetrieben wie eine kaum zu glaubende Verheißung. Einige Jahre später, nachdem die Winterstürme „Vivian" und „Wiebke" in Mitteleuropa tausende von Quadratkilometern Wald umgeworfen hatten, machten auch die hiesigen Forstbeamten ihre erste Erfahrung mit den sogenannten Harvestern. Und bis heute dauert der Siegeszug dieser Maschinen an. Überall dort, wo eine Befahrung des Waldes rein technisch gesehen möglich ist, ersetzen sie die teureren Facharbeiter. Die Statistiken zeichnen ein entsprechendes Bild. So reduzierte sich die Zahl der Waldarbeiter in Deutschland allein zwischen den Jahren 1992 und 1999 von 25 664 auf 14 874.[10] Nicht alle, aber doch ein ganzer Teil dieser Arbeitsplätze ging aufgrund der neuen Maschinen verloren. Der Naturschutzbund NABU Baden-Württemberg ging im Jahr 2007 in einer Situationsanalyse zur naturnahen Waldwirtschaft davon aus, dass zu diesem Zeitpunkt bereits 50 Prozent des Holzeinschlags mittels Erntemaschinen getätigt wurde. Ohne öffentliche Diskussionen und unter Inkaufnahme der Verärgerung von Naturliebhabern hatten die staatlichen Forstverwaltungen den Großteil des Holzeinschlags Stück für Stück auf Verfahren mit Erntemaschinen umgestellt. Welche weiteren Neuerungen für die Zukunft angedacht sind, kann man derzeit ebenfalls in Skandinavien beobachten. Jährlich pilgern ganze Heerscharen von Förstern beispielsweise nach Finnland, einem Land mit geringer Bevölkerung und einer riesigen Waldfläche. Stehen statistisch gesehen in Deutschland jedem Einwohner nur 1300 Quadratmeter Wald zur Verfügung, so sind es in Finnland 45 000 Quadratmeter pro Kopf. Ruppiger Umgang mit dem Wald führt hier nicht so schnell zu Protesten, da es riesige Landstriche ohne Siedlungen und damit auch ohne Beobachter gibt. Schon seit rund 25 Jahren nutzt man hier deutlich mehr Biomasse aus dem Wald als in Mitteleuropa. Nach den traditionellen Kahlschlägen sammeln große Bagger die übriggebliebenen Baumkronen und Äste ein, um diese per LKW ins nächste Kraftwerk zu schicken. Dort werden dann Strom und Wärme daraus produziert. Übrig bleiben nur noch die Baumstümpfe, umgeben von kahlem Boden. Ganzbaumnutzung nennt man diese Vorgehensweise. Die mehrfache Befahrung durch Erntemaschinen und Bagger hinterlässt ein völlig verändertes, verdichtetes Erdreich. Schutzlos dem Regen ausgeliefert, der durch die zerquetschten Poren und vernichteten Luftkanäle nicht mehr ablaufen kann, wird mehr und mehr der kostbaren Krume weggespült. Zudem verschwinden die meisten Nährstoffe per LKW Richtung Kraftwerk, ein Aderlass, der sich an kommenden Baumgenerationen rächen wird. Denn mehr als 50 Prozent der kostbaren Mineralien eines Baumes sind in der Krone, den Ästen und den Nadeln gespeichert. Diese Biomasse verblieb früher nach Durchforstungen im Wald und konnte über die Zersetzung durch Tiere, Pilze und Bakterien ihre Nährstoffe wieder an die nächste Baumgeneration weitergeben. Eine zusätzliche Verwertung dieser Teile, die im Übrigen weniger als ein Drittel der oberirdischen Masse eines Baumes ausmachen, bewirkt also mehr als eine Verdopplung des Nährstoffentzuges, verglichen mit der bisherigen Nutzungspraxis. Bisher beteuern alle Beteiligten im deutschsprachigen Raum, dass an eine Ausbeutung dieser letzten Reste nicht gedacht sei.

Noch gilt offiziell das Wort von der schonenden Waldnutzung, auch wenn mittlerweile selbst abgestorbene Bäume restlos genutzt werden und der verstärkte Einsatz von Holzerntemaschinen bereits jetzt über ein Viertel der Waldböden dauerhaft geschädigt hat. Weiteres Ungemach ist nach den Worten der Forstbehörden nicht zu vermuten. Im Hintergrund wird aber bereits an der Einführung der Ganzbaumnutzung gearbeitet. Die zusätzliche Biomasse wird nicht nur von der holzverarbeitenden Industrie sehnsüchtig erwartet, sondern sie soll auch helfen, die Einnahmesituation der Forstverwaltungen zu verbessern und die Forderungen nach dem Abbau von Beamtenstellen verstummen zu lassen.

Der erste Schritt zur Etablierung sind sogenannte Potenzialstudien. Das Ministerium für Umwelt und Naturschutz, Landwirtschaft und Verbraucherschutz des Landes Nordrhein-Westfalen finanzierte eine im Jahr 2007 veröffentlichte Untersuchung zum Thema „Dendromasse“.[11] Unter diesem Begriff versteht man die gesamte Biomasse von Bäumen, von den Wurzeln über den Stamm bis zu den Blättern. Die Zielrichtung ist damit klar vorgegeben: Es geht um die Auslotung, wie viel Biomasse bei der Nutzung ganzer Bäume zusätzlich verfügbar wäre. Die Studie kommt zu dem Ergebnis, dass man aus dem Wald rund 34 Prozent mehr verfügbare Masse hätte, wenn auch alles anfallende Reisig genutzt würde. Das ist momentan natürlich absolut tabu, denn noch gilt der mit der Nutzung verbundene Raubbau an Nährstoffen als massiver Verstoß gegen das Gebot der Nachhaltigkeit. Deshalb werden in den weiteren Ausführungen der Studie auch die aktuellen Einschränkungen berechnet. Einschränkungen, die sich aufgrund von Öko-Zertifizierungen, dem öffentlich noch nicht tolerierten Nährstoffentzug sowie durch Steilhänge ergeben, auf denen die entsprechenden Maschinen nicht fahren können. Die Autoren kommen zu dem Ergebnis, dass mit diesen Einschränkungen dennoch immerhin ein knappes Drittel des Reisigs auch heute schon verwertbar wäre. Selbst das ist in Bezug auf den Verlust an Nährstoffen ein starker Einschnitt für den Wald, aber wenn eine solch offizielle Untersuchung zu dem Schluss kommt, dass dies ökonomisch und ökologisch korrekt sei, gleichen derartige Aussagen einem Startschuss im Wettrennen um die letzten Biomassereserven des Waldes. Der zweite Schritt ist dann nur logisch. In Rheinland-Pfalz wurde im Jahr 2007 die komplette Reisig- und Baumkronennutzung getestet, nachdem Sturm „Kyrill“ viele Fichtenwälder umgeworfen hatte. Liegengebliebene Baumkronen und Äste sah man als Gefahr für die umgebenden Waldbestände an, da sich darin Borkenkäfer vermehren könnten. Diese kleinen Insekten lieben die Rinde sterbender Fichten und fressen, wenn sie nichts anderes finden, auch an gesunden Bäumen munter weiter. Nach dem riesigen Nahrungsangebot an umgestürzten Bäumen war für den Sommer eine Massenvermehrung der Käfer nicht auszuschließen. Demnach mussten auch die Baumkronen umgehend beseitigt werden. Tatsächlich ist die generelle Gefahr, die von Zweigen und Baumkronenteilen für umgebende, noch stehende Waldbestände ausgeht, eher gering. Denn der gefährlichste Käfer für Fichtenwälder, der Buchdrucker, vertilgt nur Borke von dicken Stämmen. Mit der zarten Rinde von Ästen und Baumkronen kann er gar nichts anfangen. Aber durch diese Gefahrendeklaration hatte man Handlungsbedarf für ein Pilotprojekt auf einer Beispielfläche begründet.

Zur Beseitigung der Baumkronen gibt es in der Plantagenforstwirtschaft zwei Optionen: Das Verbrennen gleich auf den Kahlschlägen oder das Zerhacken mittels großer Maschinen. Ähnlich kleinen Gartenhäckslern, in denen man Gartenabfälle zu kompostierbaren Schnipseln zerschreddern lassen kann, werden riesige Mobilhacker mit den Baumkronen gefüttert. Heraus kommen relativ einheitliche, briefmarkengroße Holzstückchen. Die zweite Variante bietet die Chance, das zerhackte Material noch als Energieholz, Marktbezeichnung „Hackschnitzel“, zu verkaufen. Dies wurde dann auch so durchgeführt, wobei der finanzielle Erfolg aufgrund des kurzzeitigen Überangebots an derartiger Ware in den Monaten nach dem

Sturm eher mäßig war. Dies spielte aber keine große Rolle; wichtiger war die Erstellung eines Leitfadens für künftige Fälle. Eine weitere Technologie hatte man sich ebenfalls aus Skandinavien abgeschaut. Dort wird schon seit vielen Jahren das Reisig der Kahlschläge mittels PS-starker Bündelmaschinen zu drei Meter langen, gepressten Rollen gewickelt, die dann ähnlich wie Baumstämme entlang der Forstwege zum Trocknen aufgestapelt werden. Nach einem Jahr erfolgt ein Abtransport in Holzkraftwerke, die diese Bündel dann verfeuern. Auch diese Verwertung widerspricht der gängigen Forstpraxis im deutschsprachigen Raum, wonach eine Nutzung von Reisig und Baumkronen aus ökologischen Gründen unzulässig ist. Nachdem man sich das Ganze jahrelang aus sicherer Entfernung in Skandinavien angesehen hat, ist die Zeit jetzt wohl reif für eine Einführung in Deutschland. Seit 2007 hält sich die rheinland-pfälzische Forstverwaltung neben denen aus Nordrhein-Westfalen und Bayern nicht länger zurück. Als Begründung muss wieder die vermeintliche Borkenkäfergefahr herhalten, aber auch die Energiegewinnung wird jetzt ausdrücklich genannt. Man verspricht, dass dieses Verfahren 30 bis 40 Prozent der Biomasse in der Fläche belassen wird. Wie bei konventionellen Verfahren, bei denen nur der Baumstamm genutzt wird, soll auch hier alles unter sieben Zentimeter Stammdurchmesser im Wald verbleiben. Doch was sollte dann der Reisigbündler noch einsammeln dürfen? Ziel ist doch die zusätzliche Gewinnung von Biomasse! Die Bilder an den Waldwegen sprechen eine entsprechende Sprache. Neben einigen Stammteilen besteht ein hoher Prozentsatz der Bündel, die die Hydraulikpressen der Maschinen verlassen, aus Ästen und Nadeln. Aber langsam. Offiziell ist dies ja nur eine Ausnahmesituation, die Erprobung eines Verfahrens, welches nur in besonderen Fällen zur Anwendung kommen soll. Interessanterweise wird die flächige Einführung der Ganzbaumnutzung durch Warnungen eingeleitet. Im „Holz-Zentralblatt", einem Fachorgan für die Forst-

und Holzwirtschaft, wurde im Januar 2008 ein Artikel von Forschern und Professoren veröffentlicht. Darin wurde ganz klar vor den Folgen der Nutzung von Reisig, Laub und Nadeln gewarnt. Der Nährstoffentzug für das Ökosystem Wald sei unverantwortlich. Gleichzeitig wurde eine Karte Bayerns veröffentlicht, auf der Standorte mit hoher natürlicher Nährstoffausstattung dargestellt wurden. Das Fazit: Auf solchen Böden ist eine komplette Nutzung des Baumes einschließlich der Kronenäste einmal während eines Baumlebens, das sind in der Regel 100 Jahre, vertretbar. Zwar sollte dies möglichst ohne Feinreisig, Laub und Nadeln geschehen, wo dies aber doch praktiziert werde, solle wenigstens eine Dokumentation erfolgen.
Die Autoren geben in ihrem Artikel an, dass die nach einer Holznutzung im Wald verbleibende Biomasse 30 Prozent nicht unterschreiten sollte.[12] Bei traditioneller Nutzung bleiben allerdings rund 60 Prozent der Biomasse in Form von Wurzeln, Ästen, Laub und Blättern zurück. Obwohl ich den Autoren beste Absichten in Bezug auf den Waldschutz unterstelle, ist jetzt der Zeitpunkt gekommen, eins und eins zusammenzuzählen. Die Potenzialstudien ergeben eine hohe Reserve ungenutzter Biomasse im Wald. Die Technik, diese auch zu nutzen, wird in verschiedenen Versuchen vorbereitet. Angesichts der heraufziehenden Rohstoffknappheit und dem wirtschaftlichen Wert dieser Biomasse wächst der Druck, ökologische Bedenken abzubauen. Dazu dient ein in ungezählten bunten Werbebroschüren aufgebautes Bild von der nachhaltigen Waldbewirtschaftung in Mitteleuropa, die dem Schutz der Wälder dient. Gleichzeitig wird eine heile Welt skizziert, in der eine stetige Holzentnahme aus dem Wald folgenlos bleibt und sogar hilft, den Anstieg des Kohlendioxids in der Atmosphäre zu bremsen. Wenn aber alle Schranken fallen und der Wald ratzeputz leer geräumt wird, ihm ständig mehr und mehr Nährstoffe entzogen werden, kann die Rechnung nicht aufgehen. Die Leistungsfähigkeit dieses

Lebensraumes lässt dann von Jahr zu Jahr nach, sodass die Holzerträge ständig sinken.
Parallel zu der bayerischen Studie hielt übrigens die Praxis Einzug in das Gebiet des Bayerischen Waldes. Auch hier wurde die „Sondersituation" nach dem Sturm „Kyrill" ausgenutzt und auf etlichen Flächen die gesamte oberirdische Baummasse, einschließlich Ästen und Nadeln, gebündelt. Die Verfeuerung in nahe gelegenen Kraftwerken wurde der Öffentlichkeit als umweltfreundliche Maßnahme verkauft. Neue Kraftwerke kann man jedoch nicht auf der Basis von unregelmäßig anfallenden Holzresten, verursacht durch Stürme, planen. Dennoch baut der Energiekonzern RWE in Nordrhein-Westfalen ein großes Heizkraftwerk und plant neun weitere derartige Anlagen. Die zu verheizende Biomasse soll im Wesentlichen aus bisher nicht genutzten Holzresten der umgebenden Wälder stammen. Damit ist klar, dass von allen Beteiligten eine regelmäßige Lieferung von Reisig und Kronenholz erwartet wird, womit die bisherige „Sondersituation" zum Normalfall wird. Die von Generationen von Förstern als absolutes Tabu betrachtete Nutzung kompletter Bäume wird damit salonfähig. Zwar sollen einige Baumkronen auf den Flächen verbleiben, aber wer will die Maschinenfahrer bei ihrer Arbeit mit den Reisigbündlern kontrollieren?
Für Ökologen unfassbar ist, dass die Landesregierung diesen Raubbau an den Nährstoffen der Waldböden in der Startphase sogar noch finanziell unterstützte: Damit auch wirklich genug Material in den Kraftwerken ankam, erhielten Waldbesitzer 2008 je Hektar 500 Euro Prämie, wenn sie ihre Waldböden zur Belieferung von Kraftwerken leerfegen ließen.
Wohin die Reise geht, kann man auch an den verwendeten Fachbegriffen sehr zuverlässig ablesen. Bisher sprachen alle Forstverwaltungen von Holz, das geerntet werden könne. Holz ist quasi das Baumskelett und entspricht unseren Knochen. Blätter, Nadeln und Rinde gehörten nicht dazu und verblieben zusammen mit Ästen

und Wurzeln im Wald. Österreichs Landwirtschafts- und Umweltminister Josef Pröll erklärte im November 2007, dass rund 7,6 Millionen Kubikmeter mehr Biomasse aus dem Wald gewonnen werden könnten als bisher.[13] Davon sind nach den der Aussage zugrunde liegenden Erhebungen rund fünf Millionen Kubikmeter Äste, Rinde und Nadeln, etwas, was traditionell nicht als Holz bezeichnet oder gar in größerem Umfang genutzt wurde. Indem Holz mit diesen anderen Baumbestandteilen zu dem Begriff „Biomasse" zusammengelegt wird, normalisiert man im Sprachgebrauch die bisher tabuisierte Nutzung sämtlicher Baumteile. Die Taktik zeigt Wirkung: In den Medien wird diese Entwicklung überwiegend positiv dargestellt, sodass der Laie den Eindruck gewinnt, der Prozess stelle einen ökologischen Fortschritt dar.

Die Zukunftspläne müssen mit der Reisignutzung aber noch nicht erschöpft sein. Wenn die Stellschraube für Umweltstandards noch eine Umdrehung tiefer geschraubt wird, ist noch mehr Biomasse nutzbar. Wir haben bisher nur von der Ernte oberirdischer Baumteile gesprochen. Den Wurzeln ist es bisher noch nicht an den Kragen gegangen. Wieder geht der Blick nach Nordeuropa, wo die Entwicklung über Reisigbündler hinaus längst weitergegangen ist. Nach den Vollerntern und Reisigbündlern befahren gewaltige Bagger die Kahlschläge. Mit ihren Hydraulikgreifern reißen sie Baumstümpfe nebst Wurzeln, die oft jahrhundertelang Bäume im Boden verankerten, mühelos heraus und schütteln die grobe Erde ab. Dann werden die bizarren Gebilde auf große Haufen geschichtet und erst einmal liegen gelassen. Regen wäscht die verbliebene Erde ab, danach verarbeiten schwere Mobilhacker das Material zu Hackschnitzeln, die per LKW die Kraftwerke erreichen. Der ehemalige Wald ist nun mit Stumpf und Stiel verschwunden, der weiche Boden einer zerfahrenen Schlammwüste gewichen. Kurzfristig bedeutet dies eine absolute Maximierung des Holzertrages, langfristig ist dieser Waldstandort für immer schwerst geschädigt. 100 und

mehr Jahre braucht es, bis die gröbsten Wunden verheilt sind. Auch danach wird der Wald nie mehr der alte sein.
In Mitteleuropa schauen die Fachleute interessiert auf solche Entwicklungen. Weniger die Schäden, als vielmehr die Chancen dieser Methoden werden in Fachblättern diskutiert. Immerhin wird die nutzbare Biomasse damit um noch einmal 20 bis 30 Prozent erhöht. Noch kann man der Allgemeinheit Bilder wie diese nicht zumuten, aber warum sollte man sich nicht schon einmal Gedanken machen für die Zeit nach der flächigen Einführung der Reisignutzung?

Ist damit wirklich schon das ganze Potenzial an Biomasse erfasst worden? Hoppla, da hat man tatsächlich bisher etwas übersehen. Bäume gibt es doch nicht nur im Wald! Quer durch unseren Kontinent ziehen sich grüne Bänder, die für den Naturhaushalt und den Artenschutz eine besondere Bedeutung haben. Gemeint sind Straßenböschungen und Alleen, Sportplatzeingrünungen, Leitungstrassen und Baumstreifen entlang von Bächen und Flüssen. Da kommen ganz beachtliche Flächen zusammen, und vor allem Ränder von Autobahnen haben eine ganz besondere Eigenschaft: Sie sind quasi Sperrgebiet. Zwar beeinträchtigen Lärm und Abgase diese kleinen Ökosysteme, dafür können sich jedoch Pflanzen und Tiere ohne weitere Störungen durch den Menschen entwickeln. Zumindest so lange, bis Pflegemaßnahmen einen Rückschnitt der wild wuchernden Sträucher und Bäume notwendig machen. Danach herrscht allerdings wieder für viele Jahre Ruhe. Für diesen Bereich hat die boomende Bioenergie ebenfalls Konsequenzen. Denn auch diese Flächen können in den Dienst der Gewinnung von Hackschnitzeln für Heizkraftwerke gestellt werden. In verschiedenen Potenzialstudien sind sie konsequenterweise schon mit eingerechnet.
Grundsätzlich ist nichts dagegen einzuwenden, wenn bei Pflegemaßnahmen Bäume, die sonst sowieso entfernt worden wären,

abtransportiert und verfeuert werden. Bei entsprechend intensiver Nutzung verlieren die Randstreifen jedoch ihren halbwilden Charakter und verkommen zu einer weiteren Form der Plantage. Auch die Gehölzstreifen entlang von Bächen und Flüssen müssen nicht „gepflegt" werden. Der Baumbewuchs dient nämlich der Herstellung halbwegs natürlicher Verhältnisse, denn die meisten Fließgewässer waren ursprünglich in Wälder eingebettet. Im Frühjahr von der milden Sonne erwärmt, im Sommer dann durch das schützende Laub der Bäume beschattet und vor Überhitzung bewahrt, so kann das Leben im Wasser seinen Lauf nehmen. Wegen dieser wichtigen ökologischen Wirkung wurden in den vergangenen 20 Jahren entlang vieler baumloser Bachufer mit hohem Kostenaufwand Millionen neuer Bäume gepflanzt. Die nur wenige Meter breiten Streifen, Heimat für viele Vogelarten, geraten jetzt ebenfalls ins Visier der Strategen. Vordergründig geht es um die Verwertung des bei einer „Pflegemaßnahme" anfallenden Holzes. Im Gegensatz zu Autobahnen, bei denen wucherndes Grün den Verkehr gefährden könnte, muss entlang von Bächen allenfalls hin und wieder ein in das angrenzende Ackerland gestürzter Baum entfernt werden. Der Begriff „Pflege" vernebelt den Blick auf die wahren Gründe der künftigen Aktionen mit der Motorsäge. Zielrichtung ist möglicherweise vielmehr die Bereitstellung von Bioenergie in waldarmen Kreisen. So veröffentlichte die Allgemeine Forstzeitschrift im Januar 2008 eine Beispielstudie, wonach allein im Kreis Warendorf/Münsterland das Potenzial an Hackschnitzeln aus den dort so häufig anzutreffenden Hecken und Büschen 100 000 Kubikmeter jährlich betragen könnte.[14] Diese Menge entspricht neun Millionen Liter Heizöl. Welcher Politiker kann angesichts der steigenden Ölpreise an solch ungehobenen Schätzen vorübergehen? Selbst Naturschutzorganisationen werden neuerdings zu Besprechungen eingeladen, bei denen es um die Erfassung bisher unbeachteter Feldgehölze geht. Obwohl deren Nutzung der Natur schaden könnte, überstrahlt der so positiv besetzte Begriff „Bioenergie“ alle Bedenken von lokalen Behördenvertretern, sich mit den „Grünen“ in ein gemeinsames Boot zu begeben. Vielleicht glauben Sie, das sei alles ein wenig zu schwarz gemalt und übertrieben? Ganz im Gegenteil, und es kommt für den Wald noch viel schlimmer.

Lilliput

Ächzend biegen sich die Äste unter dem Ansturm des Herbstwindes. Wie Schneegestöber wirbeln goldene Blätter durch die Luft. Der Kopf eines Rehs erhebt sich vorsichtig über die Wipfel. Die Bäume des scheinbar endlosen Waldes, durch den das einsame Tier streift, reichen ihm gerade bis zum Rücken. Eine Schnellwuchsplantage mit Weiden und Pappeln ersetzt den alten Wald, der hier einst stand. Vor einem Jahr maschinell geschnitten, wachsen die Schösslinge, die aus den Wurzeln armlang ausgetrieben sind, bis sie in fünf Jahren, beim nächsten Erntedurchgang, als dann flaschendicke Stämmchen kleingeschreddert werden. Am Horizont verrät eine dünne Rauchwolke den Standort des Kraftwerks, in dem die Holzhäcksel zu Wärme und Strom weiterverarbeitet werden. „Erneuerbare Energien“ lautet das Zauberwort, welches ganze Landschaften verändert.

Zugegeben, noch sind Wälder dieser Art auf großer Fläche Zukunftsmusik. Doch der Startschuss für diese Entwicklung ist längst gefallen. Parallel zu den Veränderungen in den vorhandenen Wäldern gibt es nämlich noch ganz andere Überlegungen. Warum sollte man den Wald nicht gänzlich an die Erfordernisse der Biomassegewinnung anpassen? Ein entsprechendes Vorgehen findet sich schon lange großflächig in der Landwirtschaft. Blühende Wiesen mit reicher Insektenwelt wurden durch Äcker mit gezüchteten Grasarten abgelöst: Nichts anderes sind die Mais- und Getreidefelder, die mit industriellen Methoden bewirtschaftet werden und für andere Arten keinen Platz mehr kennen. Das müsste sich doch auch beim Wald realisieren lassen. Die passende Bewirtschaftungsform ist gewissermaßen schon serienreif: Die Schnellumtriebsplantage. Als Umtriebszeit wird in der Forstwirtschaft die Lebensdauer eines Waldbestandes von der Pflanzung bis zur Ernte bezeichnet. Fichten gesteht man bisher 80 bis 100 Jahre zu, Eichen sogar 150 bis 200 Jahre. Schnellumtrieb bedeutet demgegenüber einen drastisch verkürzten Turnus. Zwei bis zehn Jahre dürfen die Bäumchen nur noch wachsen, bis die Erntemaschinen anrollen. Eine solche Plantage hat mit Wald nichts mehr zu tun.

Für den Schnellumtrieb werden Baumarten ausgewählt, die spezielle Eigenschaften aufweisen. Ein rasches Wachstum und die Fähigkeit, nach dem Abschneiden der Stämmchen aus den alten Wurzeln wieder neu auszutreiben, sind Grundvoraussetzungen, die die Bäume des Miniwaldes mitbringen müssen. Pappel- und Weidenarten scheinen aktuell die besten Leistungen zu bringen. Die natürliche genetische Ausstattung dieser Bäume reicht aber für einen profitablen Betrieb noch nicht aus. In der Landwirtschaft ist die Züchtung passender Sorten gängige Praxis, in der Forstwirtschaft war dies jedoch bisher ein Tabu. Der Grund: Pflanzt man diese veränderten Bäume in die freie Landschaft, vermischen sie sich über Pollen- und Samenflug mit den ursprünglichen Arten der heimischen Wälder.

Schauen wir uns das einmal am Beispiel der Wildbirne an. Diese Baumart bietet deshalb einen so guten Vergleich, weil der Mensch sie schon seit über 3000 Jahren umgezüchtet hat. Langfristige Auswirkungen auf die Wildart kann man deshalb bei der Birne besonders gut beobachten. Das Fazit moderner Untersuchungen: Möglicherweise gibt es gar keine Wildbirnen mehr.[15] Man spricht bei entsprechenden Birnbäumen daher nur noch von „wildbirnennah“. Ob genetisch rein oder bereits verfälscht, diese lichtliebende

Art droht im deutschsprachigen Raum auszusterben. Neben der Dunkelheit in modernen Fichtenplantagen, die kaum andere Baumarten wachsen lässt, sind Bienen die Überbringer der größten Gefahr: Beim abwechselnden Besuch der Blüten von Kultur- und Wildbirnen sorgen sie für eine Vermischung der Pollen und damit der Gene.

Die Forstwirtschaft hat sich bisher an ihren ethischen Kodex gehalten, der das Pflanzen gezüchteter oder gentechnisch veränderter Bäume im Wald aus Artenschutzgründen verbietet. Der Ausweg: Man bezeichnet diese Anpflanzungen nicht mehr als Wald, schließt sie per Gesetz einfach von den entsprechenden Regelungen aus. Artikel 2 des aktuellen bayerischen Waldgesetzes lautet beispielsweise: „In Feld und Flur gelegene Christbaum- und Schmuckreisigkulturen, Kurzumtriebskulturen, … sind nicht Wald im Sinn dieses Gesetzes". Ähnliche Bestimmungen gibt es auch in anderen Bundesländern, beispielsweise in Rheinland-Pfalz. Baumplantagen im Kurzumtrieb gelten auch hier als landwirtschaftliche Fläche. Düngergaben, Herbizideinsätze, Befahrung der Böden mit schwerstem Gerät: Was bisher nur für Mais oder Kartoffeln erlaubt war, gilt nun auch für die Holzproduktion. Neben all den Dingen, die im offiziellen Wald (noch) nicht erlaubt sind, gibt es einen weiteren Vorteil: Die Genehmigung geht rasch und unbürokratisch vonstatten. Und so kann munter herumexperimentiert werden.

Den schnellsten Weg zum Erfolg mit neuen Sorten bietet bisher das Klonen. Bei Bäumen ist der Aufwand hierbei im Vergleich zu Tieren gering. Für die identische Kopie eines Vierbeiners muss im Labor eine entkernte Eizelle mit dem Zellkern einer Körperzelle ausgestattet werden. Anschließend wird diese dann unter dem Einsatz von Hormonen und anderen Medikamenten einem weiblichen Tier mit der Hoffnung auf die Auslösung einer Trächtigkeit eingepflanzt. Ein Aufwand, den sich nur wenige Speziallabors leisten können. Bei Pappeln und Weiden reicht dagegen ein Ast. Sauber abgeschnitten und in den Boden gesteckt treibt dieser in den meisten Fällen aus und schlägt Wurzeln. Schon nach kurzer Zeit wächst ein genetischer Zwilling heran. Unbegrenzt viele Doppelgänger lassen sich so mit geringstem Aufwand in kürzester Zeit produzieren. Sucht man einen Baum mit besonderer Eignung in Bezug auf die Herstellung von Biomasse heraus, kann man rasch große Plantagen mit Bäumen gleicher Eigenschaften ausstatten.

Die genetische Einseitigkeit ist jedoch ein großer Nachteil. Normalerweise haben die Bäume eines Waldes sehr unterschiedliche Eigenschaften, ihre Gene unterscheiden sich stark. Aufgrund der langen Lebensdauer dieser Wesen, deren Generationen 100 und mehr Jahre zählen, geht die Reaktion auf Umweltveränderungen zwar nur träge vonstatten, da aber die Einzelbäume so verschieden sind, ist die Chance groß, dass einige von ihnen doch mit neuen Bedingungen zurechtkommen werden. Das Überleben der Art ist damit gesichert. In einer Plantage aus Klonen dagegen, in der alle Bäume dieselben Eigenschaften und Erbinformationen haben, ist sofort der gesamte Bestand in Gefahr, wenn Krankheiten oder Schädlinge auftreten. Wo im Wald nur einzelne Bäume betroffen sind, erkranken im Kunstwald alle Individuen. Das nächste Problem lauert bei der Fortpflanzung. Der Pollen wird vom Wind viele Kilometer weit getragen und hilft den Bäumen damit bei der Vorbeugung gegen Inzucht. So können auch weit voneinander entfernte Exemplare ihre Gene verschmelzen. Im Falle der Plantage mit Klonen wird aber großflächig nur die Erbinformation eines einzigen Baumes in die Umgebung hinausgeweht. Der Wind sorgt in diesem Falle für eine genetische Verarmung der umliegenden Wälder. Bei einer starken Ausbreitung solcher Pflanzungen kann es sogar – der Birnbaum lässt grüßen – zum Aussterben der Wildformen von Pappeln und Weiden kommen, denn diese beiden Arten stehen im Mittelpunkt der Bemühungen um geklonte Bäume. Aber es kann noch ungünstiger werden.

Künstliche Erbgutveränderung, meist im Zusammenhang mit Sojabohnen oder Mais diskutiert, macht auch vor Waldbäumen nicht halt. Gentechnik kann durchaus sinnvoll sein. Denken Sie beispielsweise an das lebenswichtige Insulin für Diabetiker, das in Laboren oder Fabriken von speziell „konstruierten" Hefepilzen oder Bakterien produziert wird. Doch in sich abgeschlossene Produktionsanlagen, deren Undurchlässigkeit überwachbar ist, sind eine Sache, im Freiland muss man die Situation anders beurteilen. Hier lassen sich die veränderten Organismen nicht mehr kontrollieren. Bleiben wir bei den Bäumen, die für Plantagen vorgesehen sind. War bei geklonten Bäumen Inzucht und Aussterben der Wildform das Problem, so steht bei einem möglichen Einsatz erbgutveränderter Bäume ein unberechenbarer Eingriff in die heimischen Wälder bevor. Denn mit dem Austausch von Teilen des Zellbauplanes zum Zwecke der „Verbesserung" treten oft auch unerwünschte Nebenwirkungen auf. Wie wird unsere auf Pappeln und Weiden angepasste Insektenwelt reagieren, wenn die Bäume plötzlich spezielle Gifte gegen diese Tiere produzieren? Die kleinen Helfer in Luft und Boden sind unverzichtbarer Bestandteil der Nahrungskette. Kaum vorstellbar, was passiert, wenn giftige Blätter beim herbstlichen Blattfall den ganzen Waldboden mit tödlichen Nahrungsangeboten für Kleinstlebewesen bedecken. Wie verändern sich natürliche Kreisläufe, wenn diese Bodenbewohner ausfallen? Schon wird von Umweltverbänden das Szenario grüner Wüsten an die Wand gemalt. In solchen Wäldern wird der Wanderer vergeblich nach Vogelstimmen lauschen, denn ohne Insekten finden die gefiederten Sänger dort keine geeigneten Lebensräume mehr.
Dabei sind zumindest einige Projekte überwiegend ökologisch motiviert. So geht es etwa in Asien um die rasche Wiederbewaldung erosionsgefährdeter und von der Wüstenbildung bedrohte Gebiete. In China bemüht man sich seit Jahren, die Einzugsgebiete der großen Flüsse aufzuforsten, um der Ausschwemmung riesiger Mengen

Ackerbodens Einhalt zu gebieten. Dazu hat man Pappeln erzeugt, die ein Insektengift beinhalten, um sie vor dem Befall mit blattfressenden Raupen zu schützen. Von diesen Bäumen wurden bis 2004 rund 1,4 Millionen Exemplare ins Freiland gepflanzt. Schon zwei Jahre nach der Pflanzung wurden zur Überraschung der Wissenschaftler etliche Exemplare von Insekten befallen, die bis dato als harmlos für Pappeln galten. Trotz dieses missglückten Experiments stehen die Pappeln weiterhin in der Landschaft und können sich fleißig mit nicht veränderten Exemplaren kreuzen, weil man offensichtlich vergessen hatte, den Standort dieser Bäume genau zu kartieren.

Seit 1988 ist die Zahl der Länder, in denen derartige Bäume gepflanzt werden, schon auf über 20 angewachsen. Neben China darunter auch die USA, Kanada, Brasilien und – Deutschland. Und weltweit wird weiter an Veränderungen gebastelt: schnelleres Wachstum, Resistenz gegen Pilze oder eine Veränderung der Holzzusammensetzung sind einige der anvisierten Ziele. Um die fehlende Akzeptanz der Öffentlichkeit zu erlangen, wird nun von einigen Ländern sogar der Klimawandel ins Spiel gebracht. Eine gesteigerte Holzproduktion neuer Baumsorten würde auch eine höhere Bindung von Kohlendioxid in den Wäldern bedeuten, so argumentierten beispielsweise US-amerikanische Vertreter bei den Verhandlungen zum Kyoto-Protokoll, einem internationalen Abkommen zur Reduzierung der Treibhausgase aus dem Jahre 1997. Noch steckt die Gentechnik bei Bäumen überall in den Kinderschuhen. Schnellwuchsplantagen hingegen aus geklonten Bäumen sind schon zur Praxisreife entwickelt und warten auf die Anwendung auf großer Fläche. Aktuell plant der Energiekonzern RWE, in den nächsten vier Jahren 100 Quadratkilometer solcher Miniwälder in Deutschland anzulegen, um seine Heizkraftwerke mit Biomasse zu versorgen. All diese Veränderungen können zum Aussterben vieler Baumarten nach dem Beispiel der Wildbirne beitragen. Holz, das bis heute im Ruf steht, ein Naturprodukt zu sein, verändert sich zur industriell erzeugten Ware, vergleichbar mit Treibhausgemüse. Dem heimeligen Knistern des Feuers im Ofen werden so immer lautere Missklänge hinzugefügt.

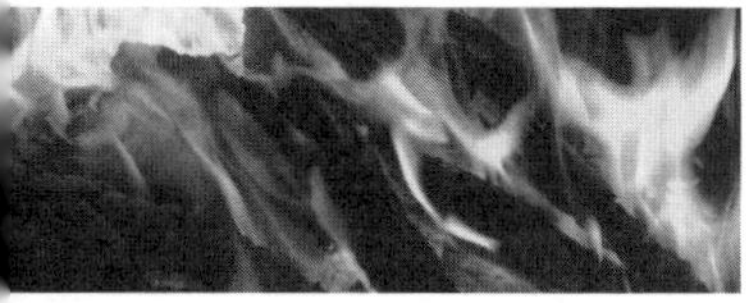

3

Über-strapaziert

Konkurrenzkampf

Die steigende Nachfrage nach dem sympathischen Energieträger Holz hat den bisher klar geordneten Holzmarkt gründlich durcheinandergewirbelt. In der Vergangenheit teilten sich die Holzverarbeiter den Rohstoff recht reibungslos auf: Während für die Verbrennung in heimischen Öfen in der Regel krummes Holz aus Baumkronen, das zu dünn für die Weiterverarbeitung war, in Frage kam, wurden die Stämme der Bäume grundsätzlich nur an große Firmen zur Weiterverarbeitung verkauft.

Da wäre zunächst die Span- und Faserplattenindustrie. Sie beschafft sich eher minderwertiges Holz, da dieses zur weiteren Verarbeitung völlig zerkleinert wird. Die Stämme dürfen krumm sein und viele Aststummel und sogar Faulstellen aufweisen. Aus den zerkleinerten Bestandteilen werden in Hochdruckpressen unter Klebstoffzugabe (meist natürlicher Leim aus Lignin, einem Holzbestandteil) Platten gepresst. Diese finden in Möbeln, aber auch in Automobilen und im Innenausbau Verwendung. Ein weiterer großer Abnehmer ist die Papierindustrie. Sie benötigt frisches, gerades Nadelholz wie Fichte und Kiefer, aber auch Birke ist gefragt. Dünne Stämmchen bis acht Zentimeter Durchmesser reichen völlig aus. Auf zwei Meter Länge geschnitten werden sie dann auf riesigen Mühlsteinen klein gemahlen, sodass die einzelnen Holzfasern herausgelöst werden. Daraus können hochwertige Papiere und Zellstoff für andere Verwendungen hergestellt werden. Ist das Holz zu alt, werden die Fasern brüchig und die Papierbahnen in den Fabriken reißen. Altes oder gar faules Holz ist daher für die Papierproduktion ausgeschlossen.

Palettenhersteller sind die nächsten in der Reihe der Interessenten. Die Baumstämme dürfen grobe Äste haben, und auch krumm, aber nicht zu dünn sein. Bei den Verarbeitern werden sie auf 1,20 Meter kurze Stücke gesägt, aus denen dann Brettchen und Kanthölzer für

Paletten gefertigt werden. Parketthersteller wiederum profitieren von dem Trend, dass vermehrt natürliche Holzfußböden gefragt sind. Da die einzelnen Holzstäbchen sehr kurz sind, dürfen die Stämme auch etwas krumm und dünn sein, da man auch dann noch kleine, gerade Stäbchen daraus erzeugen kann.

Ein großes Stück vom Kuchen brauchen die Bauholzsägewerke. Sie stellen Holz vor allem für Dachstühle bereit. Verarbeitet werden überwiegend Nadelhölzer, allen voran Fichte und Kiefer. Schön gerade müssen die Stämme sein, damit auch lange Balken gesägt werden können. Ohne Faulstellen, mit wenigen Ästen, möglichst lang, dick und ganz frisch, so wünschen sich diese Verarbeiter ihr Holz. Möbelhersteller benötigen dagegen vor allem Buchen und Eichen. Diese sollten von guter Qualität, also frei von Faulstellen und mit wenig Ästen versehen, sowie sehr dick sein. Schließlich benutzen Möbelkäufer diese Produkte viele Jahre lang und haben sie bei der Verwendung auch ständig im Blick. Da würden Holzfehler besonders stören.

Das wertvollste Holz benötigen Furnierhersteller. Keine Äste, keine Faulstellen, und sehr, sehr dick sollten die Stämme sein. An Baumarten kommt alles in Frage, aber besonders werden Laubhölzer wie Buche, Eiche, Kirsche, Esche und Ahorn gesucht. Seltene Baumarten, wie Vogelbeere oder Elsbeere, erzielen entsprechend höhere Preise.

Die genannten Holzverarbeiter existierten bisher friedlich nebeneinander und teilten sich den großen Holzkuchen, ohne sich Teile davon gegenseitig wegzuschnappen. Wenn Sie sich die benötigten Hölzer ansehen, merken Sie, dass es auch nicht allzu viele Überschneidungen gibt. In der Folge gab es auch kaum branchenübergreifende Konkurrenz am Holzmarkt; lediglich innerhalb einer Sparte selbst konnte es zu etwas Wettbewerb kommen. Doch die gestiegene Nachfrage nach Pellets, angeheizt auch durch Förderprogramme, veränderte die ganze Situation.

Zur Pelletherstellung sind keine besonderen Holzqualitäten gefragt, da sie ja aus Holzmehl erzeugt werden. Bis vor kurzem war dieses Abfallprodukt der Sägewerke noch in ausreichender Menge vorhanden, um den Bedarf zu befriedigen. Das ist nun Vergangenheit. Sägemehl allein genügt nicht mehr.
Vor zwei Jahren setzte eine Kettenreaktion ein. Mehr und mehr Anlagen waren gebaut worden, die ganze Baumstämme zu den kleinen Rollen verarbeiten konnten. Da sich die Pellethersteller nun am Holzmarkt weitere Rohstoffe beschaffen mussten, nahmen sie zunächst das Segment der minderwertigen Hölzer ins Visier. Dadurch stiegen die Preise für dieses Sortiment stark an, denn die Pellethersteller, aber auch die Produzenten von Hackschnitzeln, traten in direkte Konkurrenz zu den Industrieholzkunden, die das Holz für ihre Spanplattenproduktion brauchten. Mancherorts verdoppelten sich die Preise innerhalb eines Jahres. Die Spanplattenhersteller wichen auf noch vorhandene, höherwertige Sortimente, welche etwa für Parkett oder auch Paletten geeignet waren, aus. Wie bei einem Staffellauf wurde die Verknappung weitergereicht, beziehungsweise den Mitbewerbern das Holz aus der Hand genommen, sodass diese Hersteller ihrerseits auf höherwertiges Bau- und Möbelholz ausweichen mussten. Einige von ihnen setzten die Qualitätskriterien herab, um auf das noch billige Brennholz zurückzugreifen, mit der Folge, dass auch dieses teurer wurde. In kurzer Zeit stieg der Preis für das gesamte lieferbare Waldholz drastisch an. Und es wurde allen Beteiligten klar, dass die Menge begrenzt und ein weiteres Ausweichen nach oben nicht möglich ist. Damit gibt es nur noch den Ausweg, das zur Verfügung stehende Holz möglichst effektiv zu verwenden.
Zwar ist nun eine fruchtbare Diskussion über sinnvolle Nutzungsketten in Gang gekommen, in der die Holzindustrie fordert, der stofflichen Verwendung, also der Herstellung von Gütern, Vorrang zu geben vor der Verbrennung. Das ist aus zwei Gründen sehr

sinnvoll. Erstens sinkt der Holzbedarf bei solch einer Vorgehensweise, da die hergestellten Güter nach Ablauf ihrer Gebrauchsdauer immer noch verheizt werden können. Und zweitens bindet dieses Verfahren zumindest zeitweise mehr Kohlendioxid. Denn in Gebrauchsgütern fixiertes Holz setzt oft viele Jahrzehnte lang kein CO_2 frei, das passiert erst später beim Verfeuern. Und durch diese Mehrfachnutzung wird insgesamt viel weniger Holz benötigt; die freiwerdende Menge kann dann an anderer Stelle fossile Energieträger ersetzen. Ohne diese Nutzungsstrategie werden Produkte, die aus Holz herstellbar wären, aus anderen Materialien gefertigt. Denken Sie beispielsweise an Gartenmöbel aus Kunststoff, Tragetaschen aus Polyethylen oder auch Fensterrahmen aus Aluminium. Wenn Holz ohne Umwege verbrannt wird, tritt durch Verknappung am Markt eine Preiserhöhung ein, die andere Materialien attraktiver macht. Unter Umweltaspekten wäre also eine Mehrfachverwendung des Holzes vor seiner Verbrennung sehr sinnvoll.

Aber Voraussetzung für eine solche Verwertungskette sind zum einen Regelwerke, die ähnlich wie der Grüne Punkt auf Verpackungen ein Sammelsystem für Holzabfälle zur Folge haben. Zum anderen muss man sich auf Lacke und Zusatzstoffe einigen, die zusammen mit den zerkleinerten Holzresten schadstofffrei auch in kleineren Anlagen zu verbrennen sind. Diese Voraussetzungen zu schaffen, fällt allen Beteiligten schwer. Daher rangeln Pellet- und Hackschnitzelhersteller mit den anderen Holzinteressenten um Marktanteile. Spanplatten- und Papierhersteller beschweren sich über die staatlichen Fördermittel für Holzheizungen, während Pellethersteller die Fördermittel als zu gering monieren. Doch die Zeit, in dieser Hinsicht ökonomische wie auch ökologische Meilensteine zu setzen, drängt: Die Diskussion um sinnvolle Nutzungsketten droht angesichts der weltweit rasch steigenden Nachfrage nach Biomasse schon im Anfangsstadium hinweggefegt zu werden.

Ende der Holzstange

Energieexperten aller Länder starren auf den Peak Oil wie das Kaninchen auf die Schlange. Hinter dem Begriff verbirgt sich das mögliche Maximum der weltweiten Ölförderung. Um den steigenden Bedarf der Welt zu decken, muss mehr und mehr des schwarzen Goldes heraufgepumpt werden. Irgendwann ist aber jede Quelle erschöpft, und so lässt sich eine weitere Erhöhung der Fördermenge nur durch Erschließung neuer Bohrfelder erreichen. Aber auch die Zahl der unentdeckten und unerschlossenen Felder ist begrenzt. So wird der Gipfel („Peak") der Ölförderung eines nicht allzu fernen Tages erreicht sein, und von da an geht es, wie nach jeder Bergbesteigung, bergab. Nur, dass dann keine fröhlichen Wanderer dem talwärts gelegenen Wirtshaus zuwandern, sondern die Menschheit eine wirtschaftlich schmerzhafte Verknappung der Treibstoffe erfahren wird.

Da aber bereits schon vorher die Nachfrage nach Öl das übersteigen kann, was Erschließung und Abbau zu leisten vermögen, können Engpässe auch lange vor dem Maximum der Förderung auftreten. Das wirkt sich auf die Nachfrage nach Bioenergie aus. Es geht eines zukünftigen Tages möglicherweise gar nicht mehr um die Frage, ob Bioenergie das teuer gewordene Öl ersetzen kann, sondern ob man überhaupt noch zuverlässige Energielieferungen erhält. Auch aus diesem Grund steuern die europäischen Regierungen auf heimische, nachwachsende Rohstoffe wie Holz um. Das hier enge Grenzen gesetzt sind, haben Sie im vorherigen Kapitel erfahren. Wirken doch die gleichen Mechanismen wie beim Öl: Einem begrenzten Holzangebot steht eine steigende Nachfrage gegenüber.

Nun könnte man meinen, dass sich über den Preis, zusätzliche Energiesparbemühungen und gesetzliche Regelungen irgendwann ein stabiles Verhältnis zwischen Angebot und Nachfrage einstellen wird. Das wäre aber nur dann möglich, wenn die Wälder dauerhaft gleichbleibende Erträge liefern könnten. Dem ist aber nicht so, ganz im Gegenteil: Da gibt es die „kleinen" Störungen wie Orkane, die immer wieder für mehrere Jahre den gesamten Markt durcheinander wirbeln. Nach einem kurzen Überangebot durch die massenhaft umgestürzten Bäume folgt dann eine Periode der Verknappung, bevor das Durchschnittsniveau der Holzlieferungen wieder erreicht wird. Dieses Spiel haben die europäischen Forstbetriebe nicht zuletzt aufgrund der weit verbreiteten Nadelholz-Monokulturen in der Vergangenheit mehrfach mitmachen müssen, zuletzt in Österreich und Deutschland im Winter 2007/2008.

Durch die laufende Klimaänderung ergeben sich zusätzliche Unsicherheitsfaktoren, die die bisherigen bei weitem übertreffen könnten. Je höher man bei den Szenarien für die Erderwärmung den Temperaturanstieg ansetzt, desto mehr Baumarten verschwinden aus unseren Forsten. Fichten und Kiefern haben schon bei einer zwei Grad höheren Jahresdurchschnittstemperatur kaum noch eine Chance, ab sechs Grad wird es auch für viele Laubbaumarten eng. Nun könnten die Waldbesitzer künftig auf Wärme liebende Baumarten wie Esskastanie oder Robinie ausweichen. Dass sich damit aber tatsächlich funktionierende Wälder aufbauen lassen, ist eher unwahrscheinlich. Denn zu einem Wald gehören nun einmal mehr als einfach nur Bäume. Über 6000 Tierarten sind beispielsweise in alten Buchenwäldern zu Hause. Die meisten von ihnen können nicht so einfach von Buche auf Robinie umsteigen. Denn die Bäume stellen nicht nur Wohnraum, sondern auch Nahrung dar. Ein Austausch europäischer Holzgewächse gegen nicht-heimische Arten ist für Insekten vergleichsweise so gravierend, als sollten Sie und ich statt Erdbeeren auf einmal Tollkirschen essen. Für viele Tier- und Pflanzenarten der ursprünglichen Wälder wäre es das endgültige Aus.

Ob die Wälder in der Zukunft ähnliche Holzmengen wie heute erzeugen können, ist ebenfalls fraglich. Zwar ist ein milderes Klima grundsätzlich förderlich für das Wachstum, aber nur, wenn es gleichzeitig mehr als bisher regnet. Denn durch steigende Temperaturen wird auch die Verdunstungsrate erhöht, sodass ohne zusätzliches Nass gerade im Sommer Wassermangel unter den Bäumen herrscht. Diese fahren dann, quasi als Notprogramm, die Photosynthese auf ein Minimum zurück. Und ohne Photosynthese wird nun einmal kein Holz gebildet. Pflanzt man statt Buchen und Eichen nicht-heimische Baumarten, die mit deutlich weniger Wasser auskommen, so stellt man das in weiten Teilen noch wenig erforschte Ökosystem Wald auf den Kopf. Douglasienwälder, jetzt schon großflächig Realität in Deutschland, sollen kräftig ausgeweitet werden. Trockenheitsresistenz, Unempfindlichkeit gegen Borkenkäfer und rasches Wachstum zeichnen diese Baumart der amerikanischen Westküste aus. Doch der Anbau in Mitteleuropa gleicht einem Roulettespiel, denn das Verhalten dieser Baumart in einer völlig anderen Umgebung ist noch nicht genau bekannt. So starben in den 1980er-Jahren ganze Douglasienwälder in der Eifel ab, ohne dass man wusste, warum. Im Jahr 2007 fingen in Süddeutschland plötzlich Borkenkäfer an, Douglasien anzuknabbern. Offensichtlich hatten sich die kleinen Tierchen, die normalerweise nur Fichten mögen, geschmacklich umgestellt und damit den Mythos von der Unempfindlichkeit der Douglasie zerstört. Parallel dazu alarmierten Nachrichten aus der Heimat dieser Bäume die Fachwelt. Ganze Bergregionen in den USA verloren ihr grünes Kleid, als komplette Douglasienwälder abstarben. Der vermutete Grund: Die Erhöhung der lokalen Durchschnittstemperatur in den vergangenen Jahren. Es scheint also, als könne diese Baumart die in sie gesetzten Hoffnungen nicht erfüllen.

Mit ähnlichen Überraschungen muss grundsätzlich bei jeder nichtheimischen Baumart gerechnet werden. Eine Erhöhung der Versorgungssicherheit, die neben der Reduzierung des CO_2-Ausstoßes ja das Hauptziel des verstärkten Einsatzes von Bioenergie ist, ist so wohl nicht zu erreichen. Und ein Zukauf von Holz in großem Stil aus dem außereuropäischen Ausland scheitert wahrscheinlich am Energiehunger der übrigen Industriezentren unseres Planeten, allen voran Indien, China und den USA. Folgerichtig warnt daher auch eine Studie des Beratungsunternehmens A. T. Kearny vor einer Holzverknappung in Europa. Unter Berücksichtigung der steigenden Nachfrage prognostiziert das Unternehmen, dass die EU ihre Holzimporte bis zum Jahr 2020 auf rund 140 Millionen Kubikmeter mehr als verdoppeln müsse.[16] Das entspricht etwa der zweifachen Holzmenge, die aktuell in Deutschland, dem EU-Mitglied mit den größten Holzvorräten in den Wäldern (noch vor Schweden), jährlich geerntet wird. Zur Veranschaulichung: Die prognostizierten Importe würden einen Güterzug füllen, der durchgehend vom Süd- bis zum Nordpol reichen würde! Welche Länder mögen im Jahre 2020 noch in der Lage und bereit sein, uns so viel Holz zu verkaufen?

Dass Holz künftig knapp wird, ist wohl kaum mehr umstritten. Dennoch wird momentan staatlicherseits viel dafür getan, um den Holzverbrauch zu erhöhen. Ja, Sie haben richtig gelesen, man versucht den Holzverbrauch anzukurbeln, und zwar mit Mitteln des Zwangs. Jeder deutsche Forstbetrieb ist per Gesetz verpflichtet, Abgaben zur Finanzierung von Werbemaßnahmen zu entrichten. „Gesetz über den Holzabsatzfonds" nennt sich das Regelwerk, demzufolge Betriebe der Forst- und Holzwirtschaft, also beispielsweise auch Sägewerke und Papiermühlen, Beiträge zu zahlen haben. Die Höhe klingt zunächst gering; nur 0,5 Prozent vom Holzwert verlangt der Holzabsatzfonds mit Sitz in Bonn für seine Tätigkeit. Wenn man allerdings berücksichtigt, dass selbst spitzenmäßig bewirtschaftete Wälder oft nur Renditen von ein bis zwei Prozent abwerfen, stellen diese Abgaben für die Forstbetriebe eine erhebliche Belastung dar. Nicht gemeldete Holzverkäufe können

Bußgelder nach sich ziehen. Der Fonds ist eine Anstalt des öffentlichen Rechts, wie beispielsweise auch die Fernsehsender ARD und ZDF. Durch die gesetzlich abgesicherten Einnahmen lässt es sich relativ unbeschwert wirtschaften. Da werden Werbeagenturen mit Zeitungskampagnen beauftragt, Journalistenpreise ausgelobt oder Ausstellungen organisiert. In der Zeit von 1991 bis 2005, als der Holzmarkt am Boden lag und viele Betriebe rote Zahlen schrieben, mag das noch nachvollziehbar gewesen sein. Kampagnen mit Slogans wie „Holz – und Deine Welt hat wieder ein Gesicht" vermochten allerdings auch nichts an der bis dato trüben Geschäftslage zu ändern. Nehmen wir dennoch an, dass die Arbeit des Holzabsatzfonds einen spürbaren Mehrverbrauch nach sich zieht (ansonsten wäre seine Arbeit völlig sinnlos), dann wäre es spätestens jetzt Zeit, diese Organisation aufzulösen. Denn seit 2006 ist Holz knapp und verkauft sich wie warme Semmeln. Die finanziellen Anreize des Staates zur Förderung der Bioenergie bewirken zusätzlich einen starken Schub, und dass, obwohl Deutschland und die Europäische Union sich jetzt schon nicht selbst mit Holz versorgen können.

Erzwungene Werbung für Holz aus deutschen Wäldern ist da nicht mehr zeitgemäß. Einmal eingerichtete staatliche Organe, die zudem die öffentlichen Haushalte nicht finanziell belasten, beginnen aber häufig ein recht hartnäckiges Eigenleben zu führen. Scheinbar sieht der Wald vom Schreibtisch der Absatzfonds-Mitarbeiter besser aus, als er tatsächlich ist. Nach den in den vorangegangenen Kapiteln geschilderten Zuständen klingen Werbeaussagen wie: „So zu wirtschaften, dass auch Boden, Tier- und Pflanzenwelt intakt bleiben" oder auch „Holznutzung ist aktiver Umweltschutz" schon ein wenig unglaubwürdig. Nur wer sollte sich beschweren? Die Einzigen, die dies aufgrund ihrer Kenntnisse widerlegen könnten, wären Förster und Waldbesitzer. Doch diese haben kein Interesse daran, das werbewirksam aufgebaute Bild der heilen Welt zu zerstören. Und so wird wohl auch weiterhin munter und fröhlich in Hochglanzbroschüren zu stärkerem Holzkonsum aufgefordert.

PreisWert

Seit einiger Zeit hat, wer mit Holz heizt, bereits die Erfahrung gemacht, dass dieser Rohstoff ständig teurer wird. Das war bis vor kurzem noch ganz anders. 1955 kostete ein Kubikmeter Fichtenholz umgerechnet 52 Euro, 2005 dagegen nur 50 Euro. Damit war der durchschnittliche Wert von Holz vor 50 Jahren inflationsbereinigt deutlich höher als 2005, das heißt, die Preise fielen kontinuierlich über fünf Jahrzehnte. Gleichzeitig stiegen die Löhne der Waldarbeiter und Förster stetig, sodass die Holzernte im Wald ein Zuschussgeschäft wurde. Den Verfall der Holzpreise kann man besonders gut im Vergleich zu den Kosten für eine Arbeitsstunde ablesen. Ließ sich 1955 aus dem Verkauf von einem Kubikmeter Holz noch der Arbeitslohn eines Waldarbeiters für eine ganze Woche finanzieren, so reichte es 2005 nicht einmal mehr für zwei Stunden. Viele Forstverwaltungen kämpften im beginnenden 21. Jahrhundert finanziell ums Überleben, und auch etliche Reformen der Forstbehörden in allen Bundesländern wurden durch diesen Preisverfall angestoßen. Die Entwicklung der Kosten für Heizöl verlief über viele Jahre, von einem kleinen Zwischenhoch in den 1980er-Jahren abgesehen, in ähnlichen Preisregionen. So kostete Heizöl 1995 im Jahresdurchschnitt nur 21 Cent je Liter.[17] Eine vergleichbare Holzmenge war umgerechnet auf den Liter Öl mit 32 Cent zu bezahlen, zudem kamen für die Verwendung als Brennstoff noch jede Menge Nachteile in Bezug auf Schmutz und Arbeitsaufwand hinzu. Durch den geringen Marktwert und die Unannehmlichkeiten in der Verwendung war es daher nicht verwunderlich, dass die Holzvorräte in den Wäldern Mitteleuropas seit den 1950er-Jahren kontinuierlich anstiegen. Der Gedanke der Nachhaltigkeit, nie mehr Holz einzuschlagen, als nachwächst, war in diesen Zeiten der geringen Wertschätzung auch sehr einfach einzuhalten. Genau genommen war der Umstieg auf fossile Brennstoffe und deren günstigerer Preis sogar der Hauptgrund für den Erhalt und die Zunahme der Waldfläche. Die fossilen Rohstoffe Öl und Kohle, heute in der Kritik als klimaschädigende Energieträger, sind die eigentlichen Bewahrer mitteleuropäischer Waldlandschaften gewesen. Und dann kam der steigende Ölpreis ins Spiel.

Zu Beginn der Jahrtausendwende änderte sich die Situation an den Rohölmärkten grundlegend. Aufstrebende Schwellenländer wie Indien und China erhöhten mit ihren rasch wachsenden Industrien die Nachfrage nach dem schwarzen Gold erheblich, mit entsprechenden Auswirkungen auf den Preis. Damit wuchs nicht zuletzt auch der finanzielle Druck auf die Industriestaaten, alternative Brennstoffe einzusetzen. Zudem erlegten sich viele von ihnen die Verpflichtung auf, den Ausstoß von Treibhausgasen zu verringern. Zu diesem Zeitpunkt begann für den Brennstoff Holz eine erstaunliche Entwicklung.

Schon früher, etwa ab 1975 wurde in verschiedenen Ländern, so beispielsweise den Vereinigten Staaten, an der Verarbeitung von Sägemehl zu Pellets gearbeitet. Der entscheidende Vorteil: mit diesem genormten Brennstoff ließen sich vollautomatische Holzheizanlagen auch für Einzelhaushalte entwickeln. Im Komfort stand Holz plötzlich anderen Brennstoffen in nichts mehr nach. Zudem ließen sich Pellets im Gegensatz zu herkömmlichem Brennholz wie Erdöl transportieren. Tankschiffe und Tanklaster konnten nun auch für den Brennstoff Holz zum Einsatz kommen. Mit dieser guten Transportierbarkeit und einfachen Verwendung beim Endverbraucher trat Holz in direkte Konkurrenz zu Öl.

Am Anfang der Entwicklung war davon preislich nichts zu spüren. Da für die wenigen Pelletheizungen der ersten Jahre reichlich Säge-

mehl vorhanden war, blieben die Kosten der Pellets bis 2005 so niedrig, dass sie ein wirksames Werbeargument für die neuen Öfen waren. Rund 50 Prozent der Ausgaben für Wärme konnte ein Haushalt durch den Umstieg von Öl auf die kleinen Presslinge einsparen. Die Regierungen verschiedener Länder, so auch Deutschlands, Österreichs und der Schweiz, förderten die Anschaffung außerdem finanziell, sodass immer mehr Hausbesitzer auf die neuen Holzheizungen umstiegen. Im Winter 2005/2006 war es dann das erste Mal soweit: Pellets wurden am Markt knapp. Auch ich hatte im Jahr zuvor einen neuen Ofen bekommen und stand mitten in der kalten Jahreszeit vor der besorgniserregenden Frage, ob ich noch genügend Brennstoff geliefert bekäme. Zugleich stiegen die Preise in dieser Saison bei unserem Lieferanten derart, dass sie mit Heizöl gleichzogen. Die hohe Zahl an neu verkauften Öfen überstieg die Liefermöglichkeiten der jungen Pelletindustrie. Spätestens jetzt wurde vielen klar: Auch erneuerbare Energien wie Holz, Biogas oder auch Strom aus Windenergie können sich, sobald sie am Markt gut verfügbar und transportierbar sind, nicht vom Ölpreis abkoppeln. Ein massiver Absatzeinbruch beim Verkauf neuer Pelletöfen von rund 70 Prozent in ganz Europa war die unmittelbare Folge dieser Preisentwicklung, die die ganze Branche in Schieflage versetzte. Manch ein Verkäufer musste erkennen: Allein auf das Preisargument beim Verkaufen zu setzen war ein Schuss, der nach hinten losgehen konnte.
Gewiss, es gab immer wieder Preisschwankungen auch nach unten, so beispielsweise durch den Sturm „Kyrill“. Dieser warf im Spätwinter 2007 viele Millionen Bäume in Mitteleuropa zu Boden, sodass kurzfristig ein Überangebot an Holz zur Verfügung stand. Auch die 2008 folgenden Stürme „Paula“ und „Emma“ bescherten den Mitteleuropäern ungewollt viel Holz. Pellets wurden wieder billiger, und schon fing der eine oder andere Ofenverkäufer von neuem an, das hohe Lied vom günstigen Preis zu singen. Solche Schwankungen nach unten wird es immer wieder geben. Langfris-

tig wird sich der Preis für Holz aber nicht mehr vom Ölpreis lösen können. Gleiches gilt für andere Formen der Bioenergie. Der Begriff „Schwarzes Gold“ für Öl wechselt mit dem Ersatz durch pflanzliche Stoffe lediglich die Farbe und wird zu „Grünem Gold“. Die mit dieser Entwicklung verbundenen Chancen blieben auch finanzstarken Investoren nicht verborgen.

Heuschrecken

Durch die Umwandlung von Holz in Pellets oder Biodiesel spielt es kaum noch eine Rolle, wo diese Produkte erzeugt werden. Es ist schon heute Realität, dass Tankschiffe die neuen Brennstoffe über die Weltmeere transportieren, sodass auch hier die Regeln der globalen Warenströme gelten. Damit geraten bisher abgelegene Erdteile in den Fokus von Energieeinkäufern. Die endlose Taiga Sibiriens mit ihren unberührten Nadelwäldern oder das Amazonasgebiet in Südamerika sind künftig geopolitisch genau so interessant wie heutzutage die Golfstaaten mit ihren Ölscheichtümern. Wer gehofft hat, dass die grünen Lungen der Erde vor der wirtschaftlichen Nutzung dauerhaft geschützt werden können, wird eine herbe Enttäuschung erleben. Umso wichtiger sind die schon angesprochenen Rahmenbedingungen, unter denen hierzulande Bioenergie gefördert wird, damit nicht wieder die gleichen Fehler gemacht werden wie bei Raps und Palmöl. Ansonsten könnte der Import von Pellets vom Amazonas oder aus Kanada die Urwaldzerstörung weiter vorantreiben. Doch davon später mehr.

Ob Öl und Gas in wenigen Jahrzehnten noch verfügbar oder aus ökologischen Gründen gar geächtet sind – alternative Energiequellen sind für das Überleben von Industrieländern von immenser Bedeutung. Daher kümmern sich immer mehr Staaten um eine gesicherte Versorgung mit Biorohstoffen. Besonders empfindlich reagiert die Öffentlichkeit bei echtem oder vermeintlichem Zugriff fremder Nationen auf den Wald vor der eigenen Haustür. Der „BDF", der Bund deutscher Forstleute, teilte 2007 in einer Pressemitteilung mit, dass chinesische Investoren in Deutschland großflächig ganze Wälder kaufen würden. Konkret ginge es um fünf Quadratkilometer, Verhandlungen über weitere Waldflächen würden im großen Stil laufen.[18] Und schon hob das Rauschen im Blätterwald der Tageszeitungen an. Sicherte sich China seine Rohstoffbasis nun auch hier bei uns? Würde der heimische Wald in Zukunft hemmungslos ausgebeutet?

Vielleicht hilft der Hinweis, dass der BDF die größte berufsständische Vereinigung von Förstern in Deutschland ist. Es drängt sich der Verdacht auf, dass es den Warnern gar nicht um die Ausbeutung des Waldes durch fremde Mächte geht, als vielmehr darum, wer ihn künftig bewirtschaftet. Sollten tatsächlich chinesische Firmen hierzulande Forstbetriebe erwerben, wären sie wohl kaum am bisherigen Personal, Beamten auf Lebenszeit, interessiert. Würden die Investoren selbst den Wald betreuen, änderte sich mit Sicherheit nicht allzu viel. Die hiesige Gesetzeslage, gepaart mit staatlichen Kontrollen, schreibt für alle Waldbesitzer gleiche Standards vor, sei es nun Otto Normalverbraucher, Graf von und zu, Gemeinde XY, Aufkäufer aus dem Ausland oder der Staat selbst. Nun könnten die neuen Besitzer hingehen und das Holz aus den gekauften Wäldern exportieren. Dann stünde dieser Rohstoff nicht mehr für die jetzt schon eher unterversorgte heimische Industrie zur Verfügung. Prima, genau das macht die deutsche Forstwirtschaft gerade selbst. Einer der Verkaufsschlager unter den Exporten ist Buchenholz, dessen Ernte ganz besondere Probleme schafft. Durch die starke Nutzung verschwinden alte Buchenwälder, die einst den größten Teil der europäischen Landschaft prägten, aktuell in erschreckendem Ausmaß. Weniger als ein Prozent dieser Waldfläche ist von den Fällungen übrig geblieben. 290 000 Kubikmeter exportierte die deutsche Forstwirtschaft alleine an Holz dieser Baumart 2007 nach China[19], das entspricht etwa der gleichen Anzahl an gefällten alten Bäumen. Wenn Chinesen allerdings selbst das Holz in Deutschland aus den Wäldern holen und auf den Weg geben würden, soll auf einmal die forstliche Welt untergehen? Das riecht schon stark nach Berufspolitik und der Absicherung von Beamtenstellen. Sollte aufgrund der Holzexporte der Rohstoff für die heimische Industrie knapp werden, böte sich ein Rezept an, welches Russland gerade vorführt: Hohe Exportzölle auf Rohstoffe, niedrige Exportzölle auf Fertigwaren. Davon abgesehen wird in Deutschland sehr wenig Wald zum Verkauf angeboten. Und der liegt preislich deutlich über Weltmarktniveau. So kostet ein Quadratkilometer heimischer Forst zwischen 1 und 2 Millionen Euro. In den USA ist die gleiche Fläche schon für 140 000 Euro zu haben. Angesichts dieser Preisunterschiede besteht wohl nicht die Gefahr des Ausverkaufs europäischer Wälder.

Wie sieht es eigentlich grundsätzlich mit dem Wald als Anlageobjekt aus? Schließlich muss man auch in anderen Branchen nicht die ganze Fabrik kaufen, wenn man Geld investieren will. Der Aktienmarkt bietet eine ganze Reihe von Wertpapierarten an, um am wirtschaftlichen Erfolg teilhaben zu können. Haben Sie schon einmal etwas von „Waldaktien" gehört? Wohl kaum, denn bis in die jüngste Vergangenheit war Wald für Anleger eher dritte Wahl. Schon zwei Prozent Rendite überforderte viele Forstbetriebe, deren Produkt Holz preislich vor sich hindümpelte und dessen Absatz bis 2006 nicht richtig in Fahrt kam. Zudem verhagelten Naturereignisse wie der Sturm „Wiebke" 1990 oft schlagartig die Bilanzen. Zwar behielt der Wald seinen geringen Wert ziemlich beständig durch alle Jahrzehnte bei, aber er galt höchstens als Grundsicherung zum Kapitalerhalt. Die wachsende Weltwirtschaft und der zunehmende Bedarf an nachwachsenden Rohstoffen lassen Geldanlagen in Forstbetriebe in einem anderen Licht erscheinen. Seit den 1960er-Jahren hat sich der weltweite Holzbedarf nach Angaben der Vereinten Nationen mehr als verdreifacht, und es ist absehbar, dass die Liefermöglichkeiten an Grenzen stoßen. Durch die zunehmende Koppelung vom Holz- an den Ölpreis werden nun auch große Investoren wach. So investierten bereits im Jahr 2001 zwei in Boston ansässige Firmen rund zwei Milliarden Dollar in Wald, 2007 folgte die Campbell Group mit weiteren zwei Milliarden. Auch in Europa ist einer der globalen Waldhändler beheimatet: Die dänische Firma IWC (International Woodland Company). Sie hat bereits in 5000 Quadratkilometer Wald investiert. Den Klimawandel sehen die Dänen in Bezug auf Waldrendite gelassen: Die großen Waldregionen, die ja vor allem im Norden liegen, würden durch die Temperaturerhöhung in der Holzproduktion zulegen. Weltweit sind bereits 20 bis 25 Milliarden Dollar in Wälder investiert; den Wert der global als Anlageobjekt geeigneten Wälder schätzt die IWC auf das 20-fache dieses Betrags.[20]

Das sind jedoch nur die Summen der institutionellen Anleger, also von Banken, Versicherungen oder Staaten. Hinzu kommen noch Einzelpersonen und Forstbetriebe. Neben einigen großen Investoren, wie beispielsweise Fürstenhäusern, kaufen zunehmend auch private Haushalte Wald. Angesichts der immer weiter steigenden Heizkosten ist dies eine aktuell noch preiswerte Möglichkeit, sich mit dem Kauf kleiner Waldparzellen unabhängig von Tankwagen und Gasleitung zu machen. Mit der eigenen Motorsäge geht es am Wochenende hinaus ins Grüne, und man schlägt neben dem Spaß an der Arbeit den Ölscheichs ein Schnippchen. Eine 5000 bis 10 000 Quadratmeter große Parzelle kostet aktuell zwischen 2000 und 10 000 Euro und deckt dauerhaft den jährlichen Brennstoffbedarf eines durchschnittlichen Eigenheims. Soviel kostet manch einen schon ein einziger Besuch des Ölhändlers.

Internationale Finanztransaktionen haben auf die Wälder aktuell noch einen relativ geringen Einfluss. Welche Auswirkungen die

Aktienbörsen künftig auf die Holzpreise haben können, lässt sich jedoch schon heute bei Agrarprodukten wie Mais, Soja oder Pflanzenöl ablesen. Der Preis dieser Grundnahrungsmittel ist seit dem Jahr 2000 um bis zu 300 Prozent gestiegen. Neben der verstärkten Nachfrage durch eine wachsende Erdbevölkerung sowie den Abzug nennenswerter Mengen für Biotreibstoffe gibt es einen weiteren Grund: Spekulanten wetten auf steigende Lebensmittelpreise und kaufen die Erzeugnisse ganzer Landstriche noch vor der Ernte auf. Was für die Landwirte eine Versicherung gegen Dürren und Preisverfall ist, treibt die Preise an den Rohstoffbörsen weiter nach oben und beschert den Anlegern kräftige Gewinne. Das Nachsehen hat die verarmte Bevölkerung in den Entwicklungsländern, die kaum noch die täglichen Mahlzeiten bezahlen kann.

Der Druck, weitere Anbauflächen für derart lukrative Geschäfte zu gewinnen, wächst ständig. Und die rasch steigende Nachfrage nach Treibstoffen aus Pflanzenölen wirkt in dieser aufgeheizten Stimmung wie ein Brandbeschleuniger.

Biodiesel frisst Regenwald

Angesichts der seit Jahrzehnten angekündigten Verknappung von fossilen Brennstoffen fragte man sich schon lange, ob Individualverkehr mittels PKW zukünftig überhaupt noch möglich ist. Elektro- und Wasserstoffauto haben bis heute zwar den Charme, im Betrieb ohne Schadstoffausstoß zu laufen, die dafür benötigte Energie muss aber in aller Regel konventionell erzeugt werden; Strom und Wasserstoff stammen aus Industriebetrieben, die zur Herstellung Öl, Gas oder Kohle verbrennen. Ein Elektro- oder Wasserstoffauto verlagert die Auspuffabgase also nur an den Standort der Kraftwerke.

Eine anscheinend bessere Variante stellt Biodiesel dar. Gewonnen wird er aus Naturölen, in Europa vor allem aus Rapsöl, und kann, nach einigen Aufbereitungsschritten, in vielen Dieselfahrzeugen verwendet werden. Da auch auf dem Rapsfeld rein rechnerisch jedes Jahr die gleiche Menge Kohlendioxid der Luft entzogen wird, wie eine Verbrennung im PKW wieder freisetzt, sollte Biodiesel eine umweltfreundliche Lösung des Problems sein. Ganz klimaneutral kann die Bereitstellung von Biodiesel allerdings nicht geschehen, denn zum Anbau ist ein intensiver Maschineneinsatz und relativ viel Dünger notwendig. Diese Zugabe von Nährstoffen, vor allem Stickstoff, ist besonders problematisch, denn das daraus entstehende Lachgas ist etwa 300-mal klimawirksamer als Kohlendioxid. Wie viel davon in die Luft entweicht, ist noch nicht abschließend untersucht. Das Umweltbundesamt in Berlin kam daher im September 2007 zu dem Schluss, Biodiesel aus Rapsöl kritisch zu bewerten, da es nur relativ wenig zur Minderung des Ausstoßes von Treibhausgasen beitrage. Zudem verbrauche der Rapsanbau nach Aussagen der amtlichen Umweltschützer zu viel Fläche pro Liter produziertem Biodiesel. Zu ähnlichen Ergebnissen kam die Bundesanstalt für Landtechnik aus Österreich schon im Jahr 1999. Nach ihren Berechnungen kann man auf einem Hektar, das sind 10 000 Quadratmeter Fläche, pro Jahr 1070 Liter Biodiesel erzeugen. Ein im Vergleich zu anderen Methoden der Biomasseerzeugung sehr geringer Wert.[21] Hinzu kommt noch der obligatorische Pestizideinsatz, der bei der Bewertung in Bezug auf das Klima unberücksichtigt bleibt. Dennoch wird dieser Kraftstoff steuerlich massiv gefördert. Während Diesel aus Mineralölen im Jahr 2007 mit 47 Cent pro Liter besteuert wurde, war für solchen aus Naturölen nur knapp neun Cent fällig. Bis zum Jahr 2014 dauert die schrittweise Anhebung der Steuer für Biodiesel. Solange ist dieser Treibstoff finanziell besser gestellt, und dies, obwohl es sehr viel umweltfreundlichere Alternativen zum Rapsöl gibt.

Manche Zeitgenossen greifen beim Thema Biodiesel in eine besondere Trickkiste. Umrüstsätze für Dieselfahrzeuge erlauben für bestimmte Baureihen den direkten Betrieb mit Rapsöl. Diese Substanz ist eigentlich ein Lebensmittel und taucht normalerweise zusammen mit Essig auf Ihrem Salat als Dressing auf. Der Direktbetrieb von Dieselfahrzeugen ist in diesem Fall wörtlich zu nehmen: Zum Tanken geht es in den Supermarkt um die Ecke, wo Palettenweise das billigste Speiseöl (in der Regel Rapsöl) eingekauft wird. Teilweise unter 70 Cent kostet so eine Literflasche. Auf dem Parkplatz werden die Flaschen dann zur Verblüffung anderer Kunden direkt in den Tank geleert. Auch am Geruch sind die Fahrzeuge leicht zu identifizieren. Fährt man hinter ihnen, so riecht es intensiv nach Schnellimbiss. Lustig, aber eben keine echte Alternative unter Umweltgesichtspunkten.

Viel schlimmer ist jedoch die Tatsache, dass mittlerweile ein Großteil der Naturöle importiert wird – und zwar aus tropischen Regionen. In Indonesien wurden und werden große Regenwaldflächen gerodet, um dort Ölpalmen anzubauen. Diese Pflanzen liefern hohe Erträge, ihr Anbau ist aber alles andere als ökologisch günstig. Der zuvor verbrannte Regenwald entlässt bei seiner Vernichtung gigantische Mengen an Kohlendioxid in die Atmosphäre. Und die auf ihn angewiesenen Arten, beispielsweise Orang-Utans, verschwinden gleich mit.

Wie auf der Homepage des Deutschen Bundestages nachzulesen ist, kann die Bundesregierung zur genauen Menge der importierten Pflanzenöle keine Angaben machen. Sie veröffentlicht lediglich die vage Aussage, dass größere Anteile zur Biodieselherstellung importiert werden. Steuerliche Anreize führen in diesem Fall zur indirekten Vernichtung von Regenwäldern. Nimmt man die Umweltauswirkungen, also beispielsweise Brandrodungen zur Gewinnung von Flächen für Palmölplantagen, hinzu, so schneidet Biodiesel sogar schlechter ab als konventioneller Treibstoff. Ein schönes Beispiel, wie unpräzise formulierte staatliche Förderung am gewünschten Effekt vorbeigeht.

Am 24. Februar 2008 gab es eine Premiere: Zum ersten Mal hob ein Passagierflugzeug ab, das mit Biokerosin betankt war. Der Flug von London über den Ärmelkanal nach Amsterdam wurde als Pioniertat gefeiert. Nebenbei erfuhr die interessierte Öffentlichkeit, dass der Biosprit aus Ölen der Kokosnuss und der Babassupalme gewonnen wurde. Der einzige positive Aspekt der Aktion war eher sozialer Natur: Die Nüsse der Babassupalme können nicht maschinell geerntet werden. In Brasilien und Mexiko, den Hauptanbaugebieten, leben mehrere hunderttausend Arbeiter von der Ernte per Hand. Ansonsten wurde mit dem Abheben des Flugzeugs eine zusätzliche Steigerung des Bedarfs an Biotreibstoffen einläutet. So werden künftig mehr und mehr Kondensstreifen, die Billigflieger in das Himmelsblau zeichnen, von weiteren gerodeten Regenwaldflächen zeugen.

Flüssiges Holz und künstliche Kühe

Autofahren mit Holz, das hat es schon einmal gegeben. Die Älteren unter uns werden sich noch an die Kriegszeiten erinnern, in denen Treibstoff knapp war. Holz bot da zumindest für einen kleinen Teil der Pkws eine Lösung. Klobige Verkohlungsöfen mit Anlagen zur Gasaufbereitung kennzeichneten diese Fahrzeuge. Holz wurde in den Brennraum gegeben und verschwelte darin, sodass Holzgase freigesetzt wurden. Dieses Gas durchlief einen Reinigungsprozess und konnte danach im Motor verbrannt werden. Für lange Wegestrecken und hohe Leistungen war dieses Verfahren allerdings nicht besonders gut geeignet. Nach vielen Jahrzehnten Pause taucht es nun wieder aus der Versenkung auf. Die Firma Choren in Freiberg/Sachsen hat den Prozess weiterentwickelt und zur Serienreife gebracht. Biomasse aller Art, beispielsweise Stroh, Gras oder Holz, kann in den neuen Anlagen zunächst zu einem sehr reinen

Biogas und dann zu Biodiesel und anderen Produkten umgewandelt werden. BTL, „biomass to liquid“, nennt sich dieser Zweig der alternativen Kraftstofferzeugung. Dieser Biodiesel ist schadstoffärmer und verbrennt im Motor mit weniger Abgasen. Auch können ihn alle Dieselfahrzeuge ohne Probleme tanken, wodurch ein Umstieg sofort möglich ist. VW, Daimler und auch Shell sind in die Finanzierung eingestiegen, da diese Entwicklung ein Überleben des Individualverkehrs mit umweltverträglichen Treibstoffen bedeuten könnte. Eine erste Pilotanlage mit 15 000 Tonnen Jahresproduktion läuft bereits, mehrere Anlagen mit 200 000 Tonnen Jahresproduktion sind in der Planung.
Eine andere Möglichkeit ist die Erzeugung von Bioethanol. Dabei werden zuckerhaltige Pflanzen zu Alkohol vergoren. Schon die ersten Automobile, so das T-Modell von Henry Ford, waren eigentlich für den Betrieb mit Alkohol ausgelegt, bevor das damals spottbillige Benzin die Entwicklung in eine andere Richtung lenkte. Moderne Benzinmotoren sind leider nicht mehr ohne weiteres mit Alkohol zu betreiben. Zwar wird auch hierzulande schon bis zu fünf Prozent Ethanol ins Normalbenzin gemischt, mit diesem Anteil ist für viele Motoren dann aber schon die Obergrenze des Erträglichen erreicht. Ethanol ist aggressiv und löst Kunststoffverbindungen auf, sodass für den Betrieb mit höheren Gemischanteilen eine Umrüstung erforderlich ist. Die im Frühjahr 2008 heiß diskutierte Beimischung von zehn Prozent Ethanol zum Benzin hätte für viele Autofahrer eine indirekte Spritverteuerung bedeutet. Da möglicherweise Millionen von Pkws den ökologisch aufgepeppten Kraftstoff mit der Bezeichnung „E10“ nicht unbeschadet überstanden hätten, wäre für die Eigentümer nur ein Umstieg auf die verbleibende herkömmliche Sorte „Super plus“ möglich gewesen, die leider auch ein dem Namen entsprechendes Loch in den Geldbeutel gerissen hätte. Überwiegt Ethanol, dann sind sogar spezielle Motoren erforderlich. Ein Umstieg ist also nicht ganz so elegant möglich wie beim Biodie-

sel. Nachdem eine Vielzahl von Autofahrern mit ihrem für „E10“ ungeeigneten PKW betroffen gewesen wären, zog die Bundesregierung die Einführung des neuen Kraftstoffs zurück.

In Südamerika ist Ethanol schon seit Langem eine echte Konkurrenz für Benzin. Zuckerrohr ist dort die Pflanze der Wahl. Dass daraus besonders leicht Alkohol hergestellt werden kann, wussten auch die Entdecker der Neuen Welt, die sich schon um 1650 den auf dieser Basis gebrannten Rum schmecken ließen. Brasilien setzt bereits seit Jahrzehnten auf Ethanol aus Zucker. Mehrere Millionen Fahrzeuge sind dort schon mit Treibstoff aus den süßen Gräsern unterwegs. Das brachte in der Vergangenheit eine zumindest teilweise Unabhängigkeit von den Ölmärkten. Darum geht es auch bei Forschungen in den USA. Hier soll neben Mais ein anderes Gras an den Start gebracht werden: Die Prärie-Rutenhirse. Sie bedeckte einst die endlosen Weiten der nordamerikanischen Steppen, auf denen riesige Büffelherden grasten. Das vergangene Jahrhundert stand für große Teile dieser Landschaft unter dem Zeichen intensivsten Ackerbaus, war unter dem Gras doch fette, nährstoffreiche Erde verborgen. Die Siedler pflügten die Heimat der Bisons zu großen Teilen um und legten damit den Grundstein für die gewaltigen Mais- und Weizenfelder heutiger Farmer. Forscher fanden jetzt heraus, dass die Ethanolerträge aus dem Präriegras außergewöhnlich hoch und der zum Anbau notwenige Energieeinsatz gering ist. Möglicherweise kommen über die Produktion von Bioenergie die ehemaligen Prärien wieder zurück. Allerdings werden die dann auf Hochleistung weiter gezüchteten Nachfahren der Steppengräser nicht von Büffeln, sondern von Großmaschinen abgegrast.

Nach Brasilien und den USA steigt Europa seit einigen Jahren verstärkt in diese Entwicklung ein. Nur sind es hier nicht die süßen Stängel, die zu Alkohol vergoren werden, sondern Zuckerrüben,

Getreide und andere Biomasse wie Holzfasern. Ziel ist unter anderem, wie grundsätzlich beim Einsatz von Bioenergie, die Reduktion von klimaschädlichen Gasen. Da es viele Rohstoffe und Verfahren zur Erzeugung von Ethanol gibt, muss man sich die Ökobilanz sehr genau ansehen. Denn überraschenderweise kann bei mindestens einer Variante der Gesamtausstoß von Treibhausgasen höher sein als bei der Verwendung fossiler Treibstoffe. Verwendet man Weizen als Rohstoff, so wird aufgrund des starken Düngereinsatzes sehr viel N_2O, zu Deutsch Lachgas, freigesetzt, welches 300-mal klimawirksamer ist als Kohlendioxid. Zusammen mit der Energie zur Erzeugung von Ethanol kann die Gesamtbilanz tatsächlich schlechter liegen als bei herkömmlichem Benzin. Die günstigste Variante der Ethanolerzeugung ist die Herstellung aus Holz. Hier kann im gesamten Prozess von der Erzeugung bis zur Verbrennung im Motor rund 75 Prozent an klimawirksamen Gasen eingespart werden.[22] Das gilt allerdings nur, wenn die Biomasse zur Erzeugung des Ethanols aus ökologisch bewirtschafteten Wäldern stammt und durch nachwachsende Bäume tatsächlich exakt die gleiche Menge an Kohlendioxid wieder in Form von Holz in den Wäldern gespeichert wird. Das ist entgegen anders lautenden Beteuerungen der heimischen Forstwirtschaft leider nur bei einem verschwindend geringen Teil der holzliefernden Betriebe der Fall. Kommt der Rohstoff gar aus Schnellwuchsplantagen, ist die Bilanz noch ungünstiger als beim Anbau von Weizen und stellt damit die angestrebte Minderung des Ausstoßes von Kohlendioxid völlig in Frage. Dennoch hält die EU weiterhin an dem Ziel der Einführung höherer Ethanol-Anteile im Benzin fest, was auf schwere Kurzsichtigkeit der Politiker bei der Suche nach Möglichkeiten des Klimaschutzes schließen lässt.

Unterstellen wir der Kraftstoffsorte „E10“ einmal ein (wahrscheinlich nicht vorhandenes) Einsparpotenzial von fünf Prozent Kohlendioxid gegenüber Normalbenzin. Nach Angaben des Bundesumweltamtes verbrauchte im Jahr 2005 ein durchschnittlicher PKW 7,7 Liter auf 100 Kilometer. Durch den Einsatz von „E10" kann demnach der klimawirksame Abgasanteil von 0,39 Litern Kraftstoff eingespart werden. Lohnt sich das wirklich? Wäre es nicht viel sinnvoller, durch steuerliche Anreize und Verordnungen den Kraftstoffverbrauch um diesen geringen Anteil abzusenken? Noch offensichtlicher ist der Etikettenschwindel bei Diesel. Schon jetzt enthält jede Tankfüllung fünf Prozent Biodiesel. Dieser Anteil soll 2009 auf sieben Prozent erhöht werden, und nach Angaben der Automobilindustrie sind keine Motorprobleme à la E10 zu befürchten. Der mit der verordneten Beimischung angepeilte ökologische Effekt bleibt jedoch aus. Solange Biodiesel zu nennenswerten Anteilen aus Palmöl produziert wird, tanken die Kunden quasi flüssigen Regenwald. Auch für diese Fahrzeugkategorie wären Maßnahmen zur Senkung des Kraftstoffverbrauchs viel sinnvoller. Das hätte allerdings einen gravierenden Nachteil: Der positiv besetzte Begriff der „Bioenergie", welcher jedem noch so einschneidenden Regierungsprogramm die nötige Sympathie verleiht, bliebe völlig außen vor.

Schauen wir uns eine andere landwirtschaftliche Alternative an. Sie findet sich auf Bauernhöfen mit großen Viehbeständen. In riesigen Becken schwappt dort übel riechende Gülle vor sich hin, bis sie auf kleine Felder versprüht wird. Die austretenden Gase, neben Ammoniak auch Methan, schädigen den Wald, und der konzentrierte Naturdünger wird vom Regen durch alle Bodenschichten bis ins Grundwasser gespült. Da ist es nur vernünftig, diese Gase gleich im Lagerbecken aufzufangen und als Brennstoff zu verwenden. Auch hier gibt es schon lange steuerliche Anreize. Zusammen mit den steigenden Gaspreisen sorgten diese aber für eine Entwicklung ganz anderer Art. Schnell erkannte die Agroindustrie, dass sich Biogas viel effektiver aus Mais gewinnen lässt. Sie setzte auf das Prinzip „Kuh". Kühe sind Pflanzenfresser und vertilgen über 30 Kilogramm

Gras pro Tag. Diese Nahrung ist grundsätzlich kaum genießbar, und eigentlich müssten die Rinder trotz voller Mägen verhungern. Dass sie es nicht tun, liegt an ihren Untermietern: Ein Milliardenheer von Bakterien im Pansen zersetzt den zerkauten Pflanzenbrei und macht die darin enthaltenen Nährstoffe verdaubar. Neben dieser für die Kühe lebensnotwendigen Tätigkeit produzieren die kleinen Helfer auch Methan. Da dieses Gas unbrauchbar ist, lassen es die Pflanzenfresser mit einem leichten Anheben des Schwanzes durch die „Hintertür" in die Luft entweichen. Rund 80 Liter dieser leicht brennbaren Substanz sind es Tag für Tag.

Um Methan in großem Maßstab zu gewinnen, werden mächtige Gärtanks gebaut. Sie werden mit Gras oder kleingehackten Maisstängeln befüllt. Dazu gibt es noch einen Bakteriencocktail à la Kuh, und schon setzt ein intensiver Gärprozess ein. Das entstehende Gas wird gesammelt, gereinigt und steht damit genau wie Erdgas für allerlei Anwendungen zur Verfügung. Um die Gärtanks gleichmäßig zu beliefern, wird Mais auf riesigen Feldern angebaut. Die Bilanz in Bezug auf den Ausstoß von Kohlendioxid sieht für den gesamten Produktionsprozess nur wenig besser aus als bei Raps. Durch die enormen Düngergaben, notwendig für hohe Erträge, entweichen den Böden große Mengen an Lachgas. Auch die begleitenden Spritzmittel gegen konkurrierende Pflanzen und Insekten sind nicht gerade umweltfreundlich. Zusätzlich vermehren sich in den unübersichtlichen Riesenfeldern Wildschweine, die häufig den ganzen Sommer in diesem Schlaraffenland verbringen und dann im Winter über Wiesen und Hausgärten herfallen. Alles in allem also auch keine wünschenswerte Alternative. Allerdings sind die Erträge pro Hektar Anbaufläche im Vergleich zu Raps mehr als 50 Prozent höher. Aber die Wundertüte der Natur enthält noch andere Kandidaten für die Produktion von Bioenergie.

Chinagras oder -schilf beispielsweise scheint ebenfalls ein großes Potenzial zu haben. Das wissenschaftlich „Miscanthus" genannte

Gewächs wächst bis zu vier Meter hoch und wird dann einmal jährlich, im Spätwinter, abgeerntet. Da es wie die heimischen Gräser wieder neu austreibt, ist nur eine einmalige Pflanzung notwendig. Auch diese Kultur begleitet ein Dünge- und Pestizideinsatz, der in seiner Intensität jedoch deutlich unter dem von Raps- und Maiskulturen liegt. Zudem ist die Ausbeute wesentlich höher: Doppelt soviel Energie lässt sich aus dem Wundergras gewinnen wie aus Mais. Die Zukunftsaussichten dieses neuen Wirtschaftszweiges sind so golden, dass mittlerweile auch große Unternehmen in die Entwicklung einsteigen. So wirbt der Energiekonzern E.ON in Tageszeitungen mit ganzseitigen Anzeigen verstärkt für Biogas aus heimischer Produktion. Er betreibt die nach eigenen Angaben größte Biogasanlage Europas im bayerischen Schwandorf. Sie ist nur eine von mittlerweile über 3700 in Deutschland, die zusammen soviel Energie produzieren wie ein großes Atomkraftwerk. Die pflanzliche Ausgangsbasis, in der Regel Mais, ist unter ökologischen Gesichtspunkten problematisch, wie schon eingangs des Kapitels erwähnt. Zur Versorgung der Biogasanlagen sind mittlerweile europaweit mehrere tausend Quadratkilometer bestes Ackerland zu Maiskulturen umgewandelt worden. Auswirkungen dieses Agrarwandels reichen mittlerweile um den ganzen Erdball.

Tank oder Teller?

Ob Mais oder Raps, Chinagras oder Holz: Die Fläche zur Erzeugung von Biomasse zur Energieherstellung steht in direkter Konkurrenz zu den Flächen für die Nahrungsmittelproduktion. Greifen keine Regelinstrumente wie Gesetze, so wird mit steigendem Ölpreis immer mehr Biomasse verfeuert statt gegessen. Und dieser Mechanismus ist jetzt schon zu einem ethischen Problem geworden. Einen kleinen Vorgeschmack lieferte die sogenannte „Tortilla-Krise" Anfang 2007 in Mexiko, einem Land, welches einst weltweit führend in der Maisproduktion war. Die Unterzeichnung des Freihandelsabkommens mit den USA und Kanada 1994 hatte für die Bevölkerung gravierende Folgen. Kleine mexikanische Bauern konnten in der Folge mit dem subventionierten Billigmais US-amerikanischer Großfarmer nicht mehr mithalten und gaben auf. Mexiko muss seither einen erheblichen Anteil des benötigten Maises aus den USA importieren. Im Gegenzug verlagerten diese Teile der Industrieproduktion in das südliche Nachbarland, sodass sich Gewinn und Verlust der neuen Situation die Waage zu halten schienen.

Die USA setzen seit einigen Jahren verstärkt auf den Ausbau von Bioenergie. Ziel ist weniger die Verringerung des CO_2-Ausstoßes als vielmehr die Verringerung der Abhängigkeit von Erdöl-Importen. Rund ein Viertel der gesamten Maisernte wurde 2007 bereits zu Alkohol vergoren. Dieser zusätzliche Bedarf führt zu einer weiteren Verknappung des Maisangebotes für Lebensmittelzwecke mit der Folge, dass die Preise steigen. Etwa 40 Millionen Mexikaner leben unterhalb der Armutsgrenze und konnten sich auch bisher schon kaum die täglichen Tortillas, Fladen aus Maismehl, leisten. Als sich Anfang 2007 die Preise fast verdoppelten, kam es zu heftigen Protesten in der Bevölkerung. Zwar wurde die Krise durch Notmaßnahmen wie zusätzliche, subventionierte Importe kurzfristig beigelegt, doch schon zu Beginn des Jahres 2008 flackerte sie wieder auf. Denn neuerdings setzt ein weiterer Effekt ein: Durch den sich ständig verteuernden Mais, angeheizt von Förderprogrammen der US-Regierung zur Steigerung der Ethanolproduktion, wird nun auch das Saatgut knapp. Dessen Preise sind jetzt ebenfalls im Höhenflug, gefolgt von den Kosten für Düngemittel. Zwar könnten die mexikanischen Bauern von den hohen Maispreisen profitieren; da sie aber häufig kaum Ersparnisse haben, ist schon die Finanzierung der teuren Saat eine Hürde, an der viele scheitern. Die Landbevölkerung wechselt auf andere Ackerfrüchte mit geringeren Kosten. Ein Teufelskreis, denn mit der damit zurückgehenden Anbaufläche für Mais verschärft sich die Verknappung und steigen die Preise für die geliebten Tortillas weiter. Ganz nebenbei wird auch die Umwelt in Mitleidenschaft gezogen. Forscher von der University of British Columbia warnen vor einem ökologischen Desaster im Golf von Mexiko. Der Maisanbau im Einzugsgebiet des Mississippi sorgt für riesige Düngermengen, die mit dem Flusswasser ins Meer gelangen. Eine durch diese Überdüngung verursachte Algenplage ist verantwortlich für eine große Verödung am Meeresboden im Mündungsgebiet des großen Stromes. Nach dem Absterben der Algen wird beim Abbau der winzigen Pflanzen durch Bakterien so viel Sauerstoff verbraucht, dass nahezu alles Leben am Meeresgrund verlöscht. Das ist tatsächlich noch dramatischer, als es sowieso schon klingt. Denn in großen Bereichen liegt der lebenswichtige Sauerstoffgehalt bei null Prozent – da geht dann für Fisch und Co wirklich nichts mehr. Rund 20 000 Quadratkilometer misst diese Todeszone schon heute. Wird der amerikanische Maisanbau analog der aktuellen Pläne zur Förderung der Bioenergie weiter umgesetzt, so gehen die Wissenschaftler von einer Steigerung der Verschmutzung um ein Drittel aus. Und das, obwohl das erklärte Ziel der USA eine deutliche Senkung der Belastung dieser Meeresregion ist. So können sich die Mexikaner nicht nur von ihrer Leibspeise verabschieden, sondern erhalten als unerwünschte Dreingabe auch noch ein zweites „Totes Meer".

Das Problem einer Verschärfung der Nahrungsmittelengpässe durch die Verwendung von Lebensmitteln als Biotreibstoff bleibt nicht auf Mexiko beschränkt. Im April 2008 stürzte die Regierung Haitis über wütende Hungerproteste, und auch in Ägypten, Kamerun und Bangladesh ging die Bevölkerung auf die Straße, um für preiswertere Lebensmittel zu protestieren. Die Kosten für Mais, Reis und Weizen waren allein in den ersten Monaten des Jahres 2008 um nahezu 100 Prozent gestiegen. Deutschlands Entwicklungshilfeministerin Heidemarie Wieczorek-Zeul, zugleich Weltbank-Gouverneurin, führt 30 bis 70 Prozent des Preisanstiegs auf die Nachfrage nach Bioenergie zurück. Für die Zukunft ist keine Besserung in Sicht. Denn einer ständig wachsenden Menschheit, mit einem ebenso wachsenden Hunger, steht ein rasch wachsender Energiebedarf gegenüber, der auf knapper werdende fossile Rohstoffe trifft. Zudem verringert sich die landwirtschaftliche Fläche von Jahr zu Jahr. Durch Überweidung und Wassermangel wird immer mehr Boden unfruchtbar oder gar zur Wüste. Besonders gefährdet sind die Trockengebiete der Erde, hierzu zählen 40 Prozent der gesamten Landoberfläche. Rund eine Milliarde Menschen leben dort im ländlichen Raum um die großen Städte. Durch die intensive Nutzung sind mittlerweile drei Viertel dieser Böden durch Wüstenbildung bedroht, das entspricht einer Fläche von der dreieinhalbfachen Ausdehnung Europas.[23] Hinzu kommen veränderte Ernährungsgewohnheiten in Schwellenländern wie Indien und China, wo eine steigende Zahl von Einwohnern statt einfacher Mahlzeiten verstärkt Fleisch zu sich nimmt. Für die Produktion von einem Kilogramm tierischen Proteins werden über das Viehfutter rund sechs Kilogramm Körner benötigt, Getreide, das andernorts als Nahrungsmittel bitter benötigt würde. Bereits jetzt hungern nach Angaben der Welthungerhilfe 850 Millionen Menschen, von denen Tag für Tag 27 000 sterben. Wenn zu diesen Faktoren nun ein ungebremster Andrang auf Anbauflächen für Biorohstoffe zur Energiegewinnung kommt, ist eine Verschärfung des Mangels vorprogrammiert. Ohne nationale und internationale Regeln werden Ackerflächen weiterhin ohne Rücksicht für Produkte reserviert, die die höchsten Renditen abwerfen.

Folgendes Beispiel kann den Entscheidungskonflikt verdeutlichen: Ein Hektar Mais wirft pro Jahr zehn Tonnen Korn ab. Aus der Ernte von einem Hektar Maisfeld kann man 3500 Liter Ethanol gewinnen, wenn man die gesamten Pflanzen einschließlich Stängeln und Blättern nutzt. Ethanol hat ein Drittel weniger Energiegehalt als

Benzin, sodass wir die 3500 Liter zur Vergleichsrechnung auf 2333 Liter reduzieren. Diese Menge Benzin kann so ein Hektar Maisfeld also ersetzen. Schauen Sie sich die Preisentwicklung an den Tankstellen an, und Sie sehen im Prinzip ebenfalls die Preisentwicklung auf dem Maisacker. Jeder Cent nach oben bringt mehr Landwirte dazu, statt Weizen und Gerste für Brot und Bier, Mais zur Energiegewinnung anzubauen. Ein Hektar dieses großen Grases kann einen PKW etwa 30 000 Kilometer antreiben, das ist für viele von uns eine übliche Jahresstrecke. Ein Kilo Maismehl hat 3500 Kalorien Nährwert. Man könnte mit den zehn Tonnen Mais demnach genau so gut 40 Menschen ein Jahr lang ernähren. Ohne Umwege wird dieser Verwertungskonflikt bei Getreideheizungen deutlich. Hier wird Weizen oder Hafer in speziellen Kesseln direkt verfeuert. Wirtschaftlich sinnvoll waren derartige Anlagen bisher deshalb, weil der Getreidepreis deutlich unter dem von Öl, Gas und sogar Holzhackschnitzeln lag. Dennoch beschleicht manch einen ein merkwürdiges Gefühl, wenn Lebensmittel im Ofen verbrannt werden.

Apropos Lebensmittel. Unser wichtigstes Gut dieser Kategorie habe ich noch gar nicht erwähnt, obwohl es maßgeblich am Produktionsprozess von Bioenergie beteiligt ist: Das Wasser.

Die dürrebedrohten Ackerbauflächen der Erde fallen nur deshalb noch nicht großflächig für die Pflanzenproduktion aus, weil in vielen Gebieten massiv bewässert wird. Die Entscheidung, ob wir Holz oder beispielsweise Mais zur Energiegewinnung nutzen, ist auch eine Entscheidung über die Süßwasservorräte. Bis zu 900 Liter sind nötig, um ein Kilogramm der gelben Körner zu erzeugen.[24] Holz, schonend aus halbwegs natürlichen Wäldern gewonnen, belastet den Wasserkreislauf dagegen kaum. Zumindest Laubwald gilt weniger als Verbraucher, sondern mehr als wichtiger Speicher und Filter für das kühle Nass. Mit dem Umstieg der Holzproduzenten auf Schnellwuchsplantagen ändert sich das. So verbrauchen Eukalyptusplantagen enorm viel Wasser, beispielsweise viermal mehr als

Eichen. Im brasilianischen Bundesstaat Minas Gerais haben die insgesamt rund 10 000 Quadratkilometer großen Schnellwuchsplantagen so schon zur Austrocknung zahlreicher Gewässer geführt. Aber auch im Produktionsprozess von Holz zu Ethanol wird viel Wasser eingesetzt. So benötigt man für die Herstellung eines Liters des Öko-Treibstoffs bis zu 4500 Liter des wertvollen Nasses. Eine Tankfüllung mit 50 Litern Ethanol verbraucht demnach mehr Wasser als ein Haushalt mit vier Personen in einem ganzen Jahr. Angesichts der Tatsache, dass sauberes Trinkwasser bereits jetzt zu den weltweit knappen Lebensmitteln gerechnet wird, erzählen die Ökobilanzen für Bioenergie, in denen dieser Aspekt nicht erwähnt wird, bestenfalls die halbe Wahrheit.

Kassensturz

Aktuell wird über Förderprogramme, aber auch gesetzliche Regelungen, viel für den Ausbau des Anteils von Bioenergie getan. Schweden ist ein Beispiel dafür, wie ehrgeizige Ziele in wenigen Jahren erreicht werden können. Dort verkündete Ministerpräsident Göran Persson 2005, dass sein Land bis zum Jahr 2020 unabhängig vom Erdöl sein sollte. Bereits 2006 deckte Schweden 26 Prozent seines Energiebedarfs aus nachwachsenden Rohstoffen.[25] Hinzu kommen zahlreiche Wasserkraftwerke, die rund 50 Prozent des Stroms erzeugen.

Schweden ist ein waldreiches Land. Über die Hälfte der Fläche ist mit Bäumen bedeckt. Zwar wachsen diese nicht besonders schnell, da die Sommer im hohen Norden kurz sind; bezogen auf die neun Millionen Einwohner bieten die rund 250 000 Quadratkilometer Wald trotzdem eine gute Grundlage für die Gewinnung von Biomasse. Wie Sie in den vorherigen Kapiteln erfahren haben, stehen zur Umwandlung von Holz in Treibstoffe zwei Verfahren zur Verfügung: Biodiesel und Bioethanol. Da der Einsatz von Ethanol in Schweden schon eine gewisse Tradition hat, hat es sich für letztere Variante entschieden, obwohl Biodiesel, im BTL-Verfahren gewonnen, in der Gesamtbilanz besser abschneidet. Fahrzeuge mit speziellen Motoren, sogenannte „Flexible Fuel Vehicles", sind in der Lage, sowohl Ethanol als auch Benzin zu tanken. Mit rund 800 Ethanol-Tankstellen im Jahr 2008 ist eine Abdeckung von 25 Prozent der Landesfläche erreicht, und von nun an müssen alle Tankstellen umrüsten und den Ökotreibstoff anbieten. Aber auch in Schweden zeichnet sich, trotz der riesigen Wälder, ein Nutzungskonflikt ab. So ist beispielsweise die Papierindustrie besorgt, angesichts der zunehmend für Ethanol verwendeten Resthölzer nicht mehr genügend Rohstoff für ihre Produkte zu erhalten.

Da verwundert es nicht, dass in diesem Land die angesprochene radikale Nutzung der gesamten Baummasse schon lange Realität ist. Bereits 1984 wurde einer Besuchergruppe, der ich angehörte, die Nutzung von Reisig auf Kahlschlägen vorgeführt. Damals packten noch plumpe Bagger die Äste und Nadeln in großen Haufen auf LKW-Anhänger. Mittlerweile ist die in Deutschland aktuell in Erprobung befindliche Reisigbündlung in Schweden Standard. Wenn Sie über Land fahren, sehen Sie immer wieder die großen, etwa drei Meter langen Rollen gestapelt und zum Abtransport bereit am Straßenrand. Und auch die letzten Urwälder des Landes werden nicht verschont. So wanderte ich 2007 mit meiner Familie in der Nähe des Sonfjället-Nationalparks in Mittelschweden auf den Spuren der Braunbären, die dort noch regelmäßig anzutreffen sind. Dabei passierten wir auch den Rest eines Urwaldes mit über 200-jährigen Fichten und Kiefern. Auerhühner flatterten immer wieder vor uns auf, und der leichte Nieselregen tauchte den Wald in eine urzeitliche Stimmung. Der uns führende Ranger holte uns ganz schnell wieder auf den Boden der Tatsachen zurück, als er uns betroffen mitteilte, dass der Wald wohl schon im kommenden Jahr von der Holzindustrie kahlgeschlagen werden solle. Auch das ist der Preis für die Unabhängigkeit von Ölimporten.

Eine der wichtigsten Fragen für alle Weichenstellungen der Politik ist, wie viel Biorohstoffe zukünftig zur Verfügung stehen. So einfach die Frage zu stellen ist, so schwierig ist sie zu beantworten. Da wäre zunächst zu klären, welche Rohstoffe akzeptabel sind. Soll es Raps, Mais, Chinagras oder gar importiertes Palmöl sein? Oder doch nur Holz aus nachhaltiger Forstwirtschaft? Welches Potenzial haben unsere land- und forstwirtschaftlichen Flächen eigentlich?
Schauen wir zuerst auf den vorhandenen Wald. Bezüglich der Menge des vorhandenen und auch jährlich nachwachsenden Holzes ist Deutschland noch vor Schweden Europameister. Das scheint unglaublich, hat doch Schweden eindeutig mehr Waldfläche. Pro Hektar steht darauf allerdings nur ein Drittel der Menge des begehrten Rohstoffs, wie sie Wälder in Deutschland, Österreich und der Schweiz aufgrund des günstigeren Klimas hervorbringen. Biomasse, die aus Mitteleuropa stammt, ist mit der bestmöglichen Ökobilanz aller verfügbaren pflanzlichen Stoffe ausgestattet, sofern nur die Baumstämme, nicht aber Reisig und Stümpfe genutzt werden. Waldinventuren nennen für die kommenden Jahrzehnte maximal rund 100 Millionen Kubikmeter, die theoretisch pro Jahr in Deutschlands Wäldern geerntet werden könnten.[26] Damit Sie eine Vorstellung davon bekommen, welche Mengen an fossilen Energieträgern damit ersetzt werden können, rechnen wir das Ganze einfach einmal um. Aus 100 Millionen Kubikmeter Holz kann man 20 Millionen Tonnen Treibstoffe wie beispielsweise synthetischen Diesel erzeugen. Zum Vergleich: Der Gesamtverbrauch für PKW und Güterverkehr betrug in Deutschland im Jahr 2005 65 Milliarden Liter[27], das sind rund 52 Millionen Tonnen. Zur Versorgung mit Treibstoffen könnte der Wald demnach maximal 38 Prozent beitragen. Dann hätten wir allerdings keinen Rohstoff mehr für Papier,

Möbel und andere holzbasierte Produkte. Bis auf Reisig und Baumstümpfe bliebe zudem kein Holz mehr im Wald liegen, sodass vor allem Totholzbewohner, darunter viele seltene Insekten- und Pilzarten, das Nachsehen hätten.

Um das Gesamtpotenzial zu erfassen, wollen wir aber noch weitergehen und rechnen auch die 20 Prozent Holzmasse aus Reisig und Stümpfen dazu, sodass der Gesamtanteil an Deutschlands Treibstoffverbrauch zu 48 Prozent ersetzt werden könnte. Dann allerdings wäre der Wald tot, und uns fehlten immer noch 52 Prozent Treibstoff, die wir wie gehabt aus fossilen Quellen gewinnen müssten, um weiter Auto fahren zu können. Aber halt, wir haben ja noch landwirtschaftliche Fläche. Knapp 19 Millionen Hektar oder 190 000 Quadratkilometer stehen zur Verfügung, das ist mehr als die Hälfte der Gesamtfläche Deutschlands. 70 Prozent davon sind Ackerfläche, die wir zum Anbau von Raps, Chinagras oder Mais nutzen können. Das wurde im Jahr 2006 bereits auf rund 15 000 Quadratkilometern gemacht.[28] Rechnen wir nun einfach radikal weiter und gehen wir davon aus, dass die gesamte Ackerfläche mit Chinagras oder ähnlichen Wunderpflanzen der Bioenergie bepflanzt würde. Ich weiß, das ist aus verschiedenen Gründen höchst unrealistisch: Zum einen gibt es aktuell noch große Probleme mit den Pflanzungen, da es zu hohen Ausfallraten kommt, zum anderen wäre das ökologisch eine Katastrophe. Außerdem sind nicht alle Böden in Deutschland geeignet und gleich ergiebig. Wir wollen ja auch nur das maximal denkbare Potenzial ausloten. Also pflanzen wir gedanklich die ganze Ackerfläche mit Chinagras zu. Der Ertrag liegt zwischen zwölf und 20 Tonnen Trockenmasse je Hektar, wir nehmen für unsere Rechnung einmal 15 Tonnen als Mittelwert an. Bei 19 Millionen Hektar ergäbe das pro Jahr eine Menge von 285 Millionen Tonnen. Daraus könnte man 57 Millionen Tonnen Treibstoffe erzeugen, womit tatsächlich der gesamte PKW- und LKW-Bestand damit versorgt werden könnte. Zusammen mit dem Potenzial aus den Wäldern hätten wir sogar einen Überschuss, der dann anderweitig Verwendung finden könnte. Allerdings hätten wir dann keine richtigen Wälder mehr und noch schlimmer, es gäbe nichts mehr zu essen. Denn eigentlich brauchen wir ja die Ackerfläche für die Lebensmittelproduktion. Es ist Zeit, die Planspiele zu beenden und der Realität ins Auge zu sehen. Wollen wir eine vernünftige Versorgung mit Lebensmitteln und Holz sowie eine Umwelt, die auch unseren Mitgeschöpfen ein Überleben ermöglicht, dann können nur Bruchteile der genannten Mengen an Treibstoffen und Heizmaterial bereitgestellt werden. Es ist somit dringend notwendig, dass auch die Ziele zum Klimaschutz in Bezug auf Bioenergie endlich abgestimmt werden auf das, was unsere Erde zu leisten vermag.

4

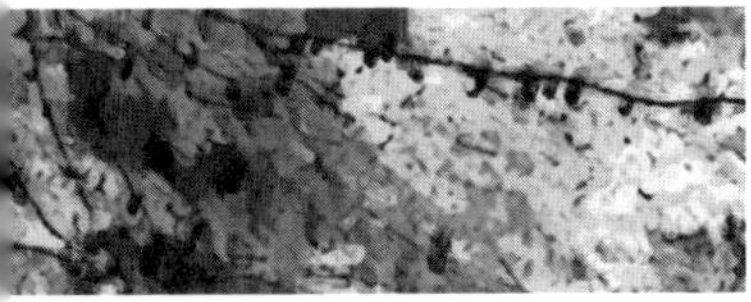

Klima, prima!

Treibhausgase und Klimawandel

Alle Anstrengungen zum verstärkten Einsatz von Bioenergie dienen zwei großen Zielen: Zum einen der sicheren Versorgung mit Strom, Wärme und Kraftstoffen angesichts der Verknappung fossiler Rohstoffe, zum anderen der Reduzierung des Ausstoßes von Treibhausgasen. Deutschland hat sich verpflichtet, diesen Ausstoß bis zum Jahr 2012 um 21 Prozent unter das Niveau von 1990 zu senken, europaweit liegt die Meßlatte bei 20 Prozent Reduktion bis zum Jahr 2020. Ziel der Bemühungen ist die Begrenzung des erwarteten Temperaturanstieges auf zwei Grad Celsius bis zum Jahr 2100. Um die Wirkung der unterschiedlichen Möglichkeiten des Einsatzes von Bioenergie beurteilen zu können, sollten wir uns die verschiedenen Treibhausgase einmal ansehen, die in diesem Zusammenhang eine Rolle spielen.

Sie werden zum einen so genannt, weil sie wie eine schwarze Fläche wirken, die sich im Sonnenlicht aufheizt. Die UV-Strahlung der Sonne wird beim Auftreffen auf diese Teilchen in Infrarotlicht, also Wärmestrahlung, umgewandelt. Zum anderen wirken die Gasteilchen in der Luft aber auch wie ein Mantel und halten die Wärme davon ab, wieder ins Weltall zu entfleuchen. Unsere Atmosphäre ist nun aus Gasen zusammengesetzt, die ein ganz unterschiedliches sogenanntes Wärmerückhaltevermögen haben. Da ist zunächst das Kohlendioxid. Obwohl nur zu 0,038 Prozent in der Atmosphäre vertreten, hat es mit dieser geringen Menge aktuell doch einen Anteil von 20 Prozent am Treibhauseffekt. Es entsteht bei der Verbrennung von Zucker, Fetten und ähnlichen pflanzlichen und tierischen Stoffen. Ursprünglich filterten es pflanzliche Lebewesen bei der Atmung aus der Atmosphäre. Tierische Lebewesen, die diese Pflanzen fraßen, atmeten das Gas durch die Verdauung der vegetarischen Kost wieder aus. Immer wieder schieden im Laufe der Erdzeitalter gewaltige Massen abgestorbener Organismen aus diesem

Kreislauf aus und wurden in Böden und Gesteinen eingeschlossen. Ein Teil von ihnen verwandelte sich in der Tiefe unter dem Einfluss der dort herrschenden hohen Temperaturen und des enormen Drucks zu Öl und Kohle. Winzige Algen, aber auch Muscheln und Korallen hinterließen außerdem mit ihren Skeletten und Panzern gewaltige Mengen an Kalk. Kalk, chemisch $CaCO_3$, enthält Kohlenstoff und Sauerstoff, speichert also Kohlendioxid in anderer Form. Mehr und mehr dieser Substanz häufte sich in hunderten von Millionen Jahren auf dem Grund der Meere an und wurde durch den Druck der Tiefe zu Gestein verbacken. Eine gigantische Anhäufung an Kohlendioxid liegt daher tief unter unseren Füßen. Einordnen können wir sie nur, wenn wir sie mit der Menge an Kohlendioxid in der Atmosphäre vergleichen. Dort sind 2700 Milliarden Tonnen gasförmig unterwegs. Das klingt nach einer ganz schön großen Menge. Ein Blick in die Weltmeere relativiert das. Bis zu 130 000 Milliarden Tonnen schlummern in der blauen Tiefe. Jetzt ist der Boden dran. In Gesteinen sind geschätzte 240 000 000 Milliarden Tonnen gespeichert. Und diese 99 Prozent allen Kohlendioxids der Erde, in Gesteinen gebunden, haben keineswegs vor, ewig an Ort und Stelle zu bleiben. Mit den sich verschiebenden Kontinentalplatten gelangt auch der Kalkstein in größere und sehr heiße Tiefen und wird dort durch chemische Prozesse und Hitze in seine ursprünglichen Bestandteile zerlegt. Unter anderem wird das in ihm gespeicherte Kohlendioxid wieder frei, welches an verschieden Stellen in die Atmosphäre entweicht. Und das nicht immer gleichmäßig: So entwichen möglicherweise vor etwa 250 Millionen Jahren bei Vulkanausbrüchen so gewaltige Mengen des Gases, dass der abrupte Anstieg von Kohlendioxid in der Atmosphäre für das massive Artensterben in dieser Epoche verantwortlich gemacht wird. Selbstverständlich finden diese Prozesse auch heute noch statt, nur aktuell deutlich schwächer. Das könnte sich aber jederzeit wieder ändern. Auch sonst ist der Kohlendioxidkreislauf noch voller

Geheimnisse. So ist beispielsweise der Verbleib von 20 Prozent des durch den Menschen verursachten Ausstoßes an diesem Gas noch nicht geklärt, das heißt die Menge konnte weder in der Atmosphäre nachgewiesen, noch deren Verbleib im Holz nachwachsender Wälder aufgezeigt werden.[29] Das mag als Beispiel dienen, wie kompliziert und auch noch unerforscht verschiedene Teilaspekte sind.

Ein anderer Kandidat auf unserer Liste der Verdächtigen ist Methan. Dieses Gas hat einen 20-mal höheren Wärmerückhalteeffekt als Kohlendioxid und steht in der aktuell vorhandenen Menge auf Platz Nummer zwei der klimawirksamen Luftbestandteile. Allerdings wird es in der Atmosphäre schon nach wenigen Jahren wieder abgebaut. Dieses Gas wird beispielsweise von Rindern produziert, und zwar beim Verdauen des gefressenen Grases. Methan ist in diesem Fall der Hauptbestandteil der bei Blähungen abgehenden Darmwinde. Auch wenn es schon häufiger in den Medien stand, sind diese „Abgase" der weltweit rund 1,4 Milliarden Rinder nicht wirklich problematisch. Obwohl jedes einzelne dieser Tiere täglich 80 Liter Methangas in die Atmosphäre entlässt, blickt die Wissenschaft sorgenvoll in eine ganz andere Richtung. In den Ozeanen lagern nämlich unvorstellbare Mengen an Methan, gebunden in Wassereis. Es entstand bei niedrigen Temperaturen und hohem Druck aus den über Millionen von Jahren hinweg zum Meeresgrund gesunkenen Überresten von Tieren und Pflanzen. In Tiefen um 1000 Metern umgibt die Kontinente ein mehr oder weniger geschlossener Ring aus Lagerstätten dieses wissenschaftlich korrekt genannten „Methanhydrats", von dem ein Kilogramm aufgetaut rund 170 Liter Gas ergibt. Die geschätzte Gesamtmenge liegt beim Zweifachen aller bekannten Öl-, Gas- und Kohlevorräte zusammengenommen. Kein Wunder, dass sich zunehmend Energiekonzerne und ganze Staaten für den noch ungehobenen Schatz interessieren. Noch gibt es keine Technik, die das Methanhydrat sinnvoll förderbar macht, aber das ist wohl nur eine Frage der Zeit. Die Gefahren einer solchen Förderung liegen darin, dass beim Abbau dieses Eises große Mengen Methan unkontrolliert in die Atmosphäre entweichen können, da es sehr instabil ist und sich bei geringfügigen Änderungen der Umgebungsbedingungen rasch zersetzt. Das Problem: Bereits bei geringer Druckverringerung und Temperaturerhöhung schmilzt das Eis und gibt das eingeschlossene Gas frei. Es reicht schon aus, die Hydratbrocken aus der Tiefe an das Deck von Forschungsschiffen zu befördern. Innerhalb kürzester Zeit lösen sich die geborgenen Klumpen auf: Neben dem in die Luft entwichenen Methan bleibt lediglich eine Wasserpfütze an Bord zurück. Abgesehen von den Gefahren beim Abbau kann die geplante Nutzung noch ganz andere Auswirkungen haben. Denn was für die Sicherung der Erzeugung von Elektrizität und Treibstoffen positiv klingt, macht durch massenhafte Verfügbarkeit die Bemühungen zur Energieeinsparung möglicherweise zunichte. Und die Folgen des bei der Verbrennung freigesetzten Kohlendioxides sind in dieser Größenordnung völlig unkalkulierbar.

Noch eine andere Gefahr lauert in der Tiefe. Durch den Klimawandel erwärmen sich auch die Weltmeere. Es ist nicht auszuschließen, dass es durch die Temperaturerhöhung auch im Tiefenwasser für die Methanlagerstätten zu warm wird. Das Eis könnte sich dann auflösen und gewaltige Mengen Methan freisetzen. In den gefrorenen Böden der Arktis sind diese eisigen Energievorräte ebenfalls enthalten. Da die Polarregionen von der aktuellen Temperaturerhöhung am stärksten betroffen sind, hat dort möglicherweise schon die Zersetzung des Methaneises begonnen. In den aktuellen Klimamodellen ist diese Entwicklung jedoch noch gar nicht berücksichtigt. Einige Wissenschaftler vermuten, dass das große Artensterben vor 250 Millionen Jahren nicht auf die bereits erwähnte Ausdünstung gewaltiger Kohlendioxidmengen, sondern auf die massive Freisetzung von Methan zurückzuführen ist.

Ein weiteres klimawirksames Gas ist Lachgas, wissenschaftlich auch Distickstoffoxid genannt. Es ist uns schon im Zusammenhang mit der Düngung von Äckern begegnet. Die Wirksamkeit auf das Klima ist etwa 300-mal so groß wie bei Kohlendioxid. Es kann rund 100 Jahre in der Atmosphäre verbleiben, bevor es abgebaut wird. Die Ausbringung von Stickstoffdünger durch die Landwirtschaft, aber auch Kraftwerke und Fahrzeuge sind Verursacher der Verschmutzung unserer Atmosphäre mit Lachgas.
Neben weiteren Gasen habe ich aber noch nicht den wichtigsten „Übeltäter" erwähnt: Wasserdampf. Er ist tatsächlich das bedeutsamste klimawirksame Gas und bewirkt schon allein über 50 Prozent aller Wärmeeffekte. Und das ist auch gut so! Denn ohne ihn läge die durchschnittliche Temperatur der Erde bei minus 18 °C. Der Anstieg der Erdtemperatur, möglicherweise verursacht durch die Anreicherung der Atmosphäre mit Kohlendioxid und Methan, diese wiederum als Folge der Verbrennung fossiler Rohstoffe, hat auch den Anteil von Wasserdampf steigen lassen. Noch ist nicht klar, wie sich das auswirkt. Denn dieses Gas hat in den unterschiedlichen Luftschichten auch ganz verschiedene Folgen für das Klima. In geringer Höhe von wenigen Kilometern kann Wasserdampf in Form von Wolken abkühlend wirken. Wenn Sie im Sommer den Sonnenschein genießen, kennen Sie auch den Effekt von Wolken, die sich vor den Glutball schieben: Sofort fällt die Temperatur ab, und im Schatten wird es oft unangenehm kühl. Von oben gesehen wirken die weißen Dampfschichten zudem wie ein Schneefeld und reflektieren einen beträchtlichen Teil der Sonnenstrahlen gleich wieder zurück ins Weltall. In dieser erdnahen Luftschicht, Troposphäre genannt, die für die meisten Wetterphänomene verantwortlich ist, hält sich Wasserdampf im Durchschnitt nur acht Tage. Nach dieser Zeit ist er, rein statistisch gesehen, mit dem nächsten Regenguss wieder zu Boden gekommen. In der Schicht darüber sieht das ganz anders aus. Die Stratosphäre, das nächste Stockwerk,

reicht schon bis 50 Kilometer Höhe. Und hier verweilt der Wasserdampf im Durchschnitt ein Jahr (maximal bis zu 100 Jahre). Auch ansonsten verhält sich das Gas hier anders. Es absorbiert die ankommende Sonnenstrahlung und verwandelt sie in Wärme. Die unterschiedlichen Auswirkungen in den verschiedenen Stockwerken der Atmosphäre machen eine Prognose sehr schwierig. Man weiß bis heute nicht genau, ob der abkühlende Effekt unten oder der aufheizende Effekt oben überwiegt. Auch aus dieser Sicht sind Vorhersagen über künftige Durchschnittstemperaturen der Erde sehr gewagt.

Über die einzelnen Gase wissen Sie jetzt vielleicht genug, aber die Frage, die dahinter steht, lautet: Gibt es einen durch den Menschen verursachten Klimawandel oder nicht? Dieses Thema kann man im Moment kaum objektiv diskutieren, da zu viele Emotionen hineinfließen. Eisbären ohne Eis und Regenwälder ohne Regen sind schließlich Szenarien, die uns alle tief berühren. Für mich stehen zwei Dinge zweifelsfrei fest. Erstens: Das Klima wandelt sich. Zweitens: Der Mensch verändert in erheblichem Umfang seine Umwelt. Aus dem Kohlendioxid-Ausstoß eins zu eins die Erderwärmung abzuleiten scheint allerdings eine zu starke Vereinfachung zu sein. Inwieweit beide Dinge direkt miteinander zu tun haben, ist noch nicht zweifelsfrei geklärt. Das kann für die Diskussion der nächsten Jahre durchaus gefährlich sein. Schießen sich nämlich alle auf ein Krisenszenario ein, welches in naher Zukunft widerlegt wird, so kann die Stimmung ins Gegenteil verkehrt werden. Das wäre für Fortschritte im Umweltschutz fatal. Und Bedenken an einfachen Erklärungsmodellen sind durchaus angebracht: So veröffentlichten einige radikalen Vertreter der These, die fortschreitende Erhöhung der Durchschnittstemperatur sei ein unabänderliches Faktum, kürzlich eine Mitteilung, nach der für die kommenden zehn bis 15 Jahre nicht mit einem weiteren Temperaturanstieg zu rechnen sei. Wobei sie rasch hinzufügten, dass diese Pause im globalen

Geschehen, verursacht durch nicht einkalkulierte Abkühlungseffekte von Meeresströmungen, nichts an der grundsätzlichen Gültigkeit ihrer Theorien ändere.
Aktuell streiten die verschiedenen Wissenschaftsrichtungen über verschiedene Erklärungsmodelle. Sie haben eben erfahren, dass die Kohlendioxidkreisläufe noch nicht ansatzweise geklärt sind. Dennoch sind viele Wissenschaftler der Meinung, dass trotz der riesigen Mengen dieses Gases, die ständig im großen Kreislauf der Erde umgeschichtet werden, die relativ kleine Veränderung durch den Menschen gravierende Folgen hat. Schauen wir uns einmal die Ozeane an, die den Anteil des Kohlendioxids in der Atmosphäre maßgeblich beeinflussen. Aus den blauen Tiefen steigen jährlich schätzungsweise 324 Milliarden Tonnen in die Luft. Die riesigen Mengen müssen niemanden erschrecken: Von Natur aus ist die Bilanz ausgeglichen, die Meere nehmen die gleiche Menge wieder auf. Durch die Verbrennung von Öl, Kohle und Gas, aber auch von Regenwäldern kommen aktuell noch etwa 28 Milliarden Tonnen hinzu, wovon im Ozean sieben Milliarden gleich wieder verschwinden. Knapp vier Milliarden nehmen Landpflanzen auf, womit für die Atmosphäre jährlich noch 17 Milliarden Tonnen „Überschuss" bleiben. Die zusätzliche Aufnahme von Kohlendioxid, das sich zu Kohlensäure umwandelt, versauert die Ozeane mit unkalkulierbaren Folgen. Kleinstlebewesen mit Kalkskeletten wie Algen und anderes Plankton geraten in Existenznot, da Kalk mit Säure bekanntlich auf Kriegsfuß steht. In der Nahrungskette des Meeres stehen die Winzlinge ganz am Anfang. Verringert sich die Menge des Planktons, so schwinden auch die Krebse und kleinen Fische, die sich davon ernähren. Und mit ihnen wiederum die von ihnen lebenden Raubfische, Wale oder Pinguine.
Irgendwann ist die Speicherfähigkeit der Weltmeere zudem erschöpft, da sie sich ebenfalls erwärmen und Kohlensäure dann wieder zu Kohlendioxid wird, welches in die Luft entweicht. Den-

ken Sie an warmes Mineralwasser, das enthält ebenfalls nach kürzester Zeit keine Kohlensäure mehr. In der Atmosphäre sammelt sich also mehr und mehr Überschuss an. Es sind jährlich relativ gesehen nur winzige Mengen, aber der bisher geschlossene Kreislauf verarbeitet sie nicht mehr vollständig, wodurch der Anteil in der Luft ständig steigt. Parallel dazu erhöht sich die durchschnittliche Lufttemperatur ebenfalls. Nun gibt es Wissenschaftler, die die Verursachung der Erwärmung durch den Kohlendioxidanstieg abstreiten. Sie machen vielmehr die Sonne dafür verantwortlich. Schon in früheren Erdzeitaltern hat es Schwankungen in der Aktivität der Sonne und damit auch der Temperatur gegeben. Das Resultat waren Eis- und Warmzeiten. Diese kann man tatsächlich mit regelmäßigen Schwankungen der Sonnenaktivität sowie der Reise unseres Sonnensystems auf den sich langsam drehenden Spiralarmen unserer Galaxie in Einklang bringen. Demnach wäre nicht eine Erhöhung der Kohlendioxidkonzentration in der Atmosphäre der Auslöser der Warmzeiten, sondern sie tritt vielmehr in deren Gefolge auf. Wärmere Meere und wärmere Böden gasen durch die schon erwähnten Prozesse mehr CO_2 aus.
Egal welche Gruppe von Wissenschaftlern nun Recht hat, Klima war auch in der Vergangenheit nie etwas Konstantes, es gab immer ein stetes Auf und Ab. Insofern sollten wir uns vielleicht grundsätzlich von dem Gedanken verabschieden, ein bestimmtes Klima, nämlich unserer derzeitiges, konservieren zu können. Aktuell gibt es jedenfalls einige deutliche Anzeichen, dass eine stetige Erwärmung der Atmosphäre stattfindet. Schmelzende Gletscher weltweit, ob in Feuerland oder Grönland, den Alpen oder auf dem Kilimanjaro sind ein deutlicher Fingerzeig. Auch die eisige Kappe des Nordpols, nur wenige Meter dick, löste sich in den Sommermonaten der vergangenen Jahre so stark auf, dass die Nordwestpassage zeitweise frei wurde. Diese Schifffahrtsroute zwischen Atlantik und Pazifik galt als unerreichbarer Traum der Seefahrer, da sie

erheblich kürzere Transportzeiten ermöglicht. Der Südpol wurde lange Zeit als Profiteur des Klimawandels gehandelt. Die kalte, trockene Luft über der Eisfläche lässt bisher so wenig Schnee herabrieseln, dass die Antarktis eigentlich unter die Wüsten zu rechnen ist. Im Zuge der Erderwärmung rechneten Wissenschaftler mit einer Zunahme der Luftfeuchtigkeit und in der Folge mit deutlich intensiveren Schneefällen. Diese sollten das Abschmelzen an den Rändern der Eiskappe mehr als ausgleichen. Neuere Messungen legen das Gegenteil nahe. Immer größere Stücke des Schelfeises lösen sich und wandern als schmelzende Eisplatten durch die südlichen Meere, so im Februar 2008, als ein über 400 Quadratkilometer großes Eisfeld ab- und auseinanderbrach. Ein weiteres Indiz sind die sogenannten „drunken trees“ in den nördlichen Nadelwäldern. Die Böden der Taiga tauen in den kurzen Sommern nur oberflächlich auf. Tiefere Bodenschichten verharren seit der letzten Eiszeit im Dauerfrost. Das ändert sich aktuell. Bäume, die auf einem Fundament aus „Eisgestein“ die dünne frostfreie Bodenschicht durchwurzelten, fangen an, langsam zu kippen. Wie betrunkene Gestalten stehen die Fichten Alaskas vielerorts in der Landschaft. Festigt sich der Boden, wachsen sie gerade weiter, nur um sich im nächsten Sommer noch mehr zu neigen. Aus ursprünglich kerzengeraden Stämmen werden so bananenförmige Gebilde. Da diese Bäume hunderte von Jahren alt sind und bisher keine Anzeichen solcher Veränderungen aufwiesen, kann das Phänomen recht eindeutig auf die besonders warmen Sommer der vergangenen Jahre zurückgeführt werden. Und auch aus persönlicher Erfahrung können Sie und ich Veränderungen bestätigen. Die Winter werden immer milder, Schnee ist vielen Kindern mittlerweile nur noch aus Erzählungen bekannt. Auch ich werde bei meiner Arbeit fast täglich damit konfrontiert. Seit 15 Jahren stelle ich fest, dass wir zunehmend aus dem Herbst direkt in den Frühling kommen. Die dazwischen liegende friedliche Winterzeit mit klaren Frostnächten und ruhigem

Hochdruckwetter hat schon Seltenheitswert. Dies hat zwei für den Wald nachteilige Folgen: Zum einen regnet es sehr viel und der Boden ist dadurch stets aufgeweicht. Er bietet den Baumwurzeln somit nur noch wenig Halt. Zum anderen gibt es fast im Wochenrhythmus Stürme, die mit den derart haltlosen Bäumen leichtes Spiel haben. Für mich ist die Klimaänderung tatsächlich schon ein greifbares Phänomen, weil ich in solchen Sturmnächten kaum schlafen kann aus Sorge um die stürzenden Wälder. Auch die Politik macht sich entsprechende Gedanken. Sie geht davon aus, dass der Klimawandel aufzuhalten ist, und hat eine ganze Reihe von Mechanismen in Gang gesetzt, um dies zu erreichen.

Klimaschutz

Am 23. Januar 2008 verabschiedete die Europäische Kommission ein ganzes Paket an Vorschlägen zur Reduziereung des Ausstoßes von CO_2. Danach soll der Anteil von erneuerbaren Energien am Energieverbrauch auf 20 Prozent bis 2020 erhöht werden. Im gleichen Zieljahr soll der Anteil an Biokraftstoffen zehn Prozent des Gesamtkraftstoffverbrauchs jedes Mitgliedsstaates ausmachen.[30] Diese Ziele, mittlerweile verbindlich für alle Länder der EU, bedeuten einen weiteren ehrgeizigen Schritt in Bezug auf die Nutzung von Biomasse. Vertreter der Land- und Forstwirtschaft begrüßten die eingeschlagene Richtung, denn die verbindlichen Vorgaben der EU bedeuten schlicht und einfach höhere Preise für Biomasse. Europas Flächen stehen bis auf wenige Ausnahmen bereits im Dienste der Produktion von Holz, Getreide, Fleisch und anderen Agrarerzeugnissen. Wenn der Anteil an Biomasse zur Energiegewinnung deutlich ausgebaut werden soll, gibt es dazu zwei Möglichkeiten. Möglichkeit eins: Man reduziert den Verbrauch an fossilen Brennstoffen so stark, dass der relative Anteil an Bioenergie auto-

matisch steigt, ohne dass ein Stück Holz zusätzlich verfeuert werden muss. Möglichkeit zwei: Man erhöht den Einsatz an Biomasse exakt um die Menge, wie es dem prozentual angepeilten Zuwachs entspricht. Um es vorwegzunehmen: Möglichkeit zwei kann nicht funktionieren. Doch dazu später.
Im Jahre 1997 fand im japanischen Kyoto eine Konferenz der Vereinten Nationen zum Thema „Klimaschutz" statt. Verbindlich vereinbart wurden Obergrenzen für den Ausstoß von Klimagasen, diese Vereinbarung trat im Jahr 2005 in Kraft. Dabei wurde ein einfaches, aber sehr wirkungsvolles Regelinstrument eingeführt: Der Emissionsrechtehandel. Jeder Staat sollte demnach eine bestimmte Menge an Verschmutzungsrechten mit Kohlendioxid und anderen Gasen haben. Diese Rechte hatte er an alle am Emissionshandel teilnehmenden Unternehmen so zu verkaufen, dass es für jedes Einzelunternehmen ein wenig zu knapp wäre. Modernisiert ein Unternehmen seine Anlagen, so reichen die zugeteilten Rechte aus oder werden überflüssig und können verkauft werden. Bleibt es auf dem alten Stand oder wird es gar mehr Verschmutzung erzeugen, so muss es von anderen Unternehmen, die nicht mehr so viel benötigen, Rechte dazukaufen. Im Laufe der Jahre sollen dann mehr und mehr dieser Rechte vom Staat wieder eingezogen werden, um den Druck zur Verschmutzungsvermeidung und damit effizientem Energieeinsatz hoch zu halten. Ein völlig faires Verfahren: Belohnt wird derjenige, der in modernste Umwelttechnik investiert, finanziell bestraft dagegen die Betriebe, die mit veralteten Anlagen große Mengen an Kohlendioxid ausstoßen. Ja, auch hier gibt es leider ein „Aber". Auf Betreiben der Industrie wurden die Rechte für die erste Periode etwa in Deutschland verschenkt und dazu so großzügig ausgegeben, dass kaum ein Unternehmen gezwungen war, Rechte hinzuzukaufen. Der erwartete schwunghafte Handel mit diesen Zertifikaten blieb also zunächst einmal aus. Immerhin war das System des Rechtehandels damit eingeführt. Für die zweite Phase von

2008 bis 2012 sind die Gesamtrechte deutlich reduziert worden, womit der Druck auf die meisten Unternehmen gestiegen ist, Energie einzusparen und damit den Ausstoß von Kohlendioxid zu verringern. Möglichkeit eins, den relativen Anteil der Bioenergie durch den verringerten Verbrauch fossiler Brennstoffe zu erhöhen, scheint also realisierbar zu sein.

Möglichkeit zwei, den Anteil an Bioenergie durch deren massiven Ausbau zu erhöhen und damit den Ausstoß an Kohlendioxid zu verringern, ist aus heutiger Sicht ein fragwürdiges Unterfangen. Knackpunkt ist, dass für eine erhöhte Biomasseproduktion mehr Fläche zur Verfügung gestellt werden müsste. Unter Experten herrscht bereits jetzt ein heftiger Streit darüber, ob man Ackerflächen zur Lebensmittelgewinnung oder für die Produktion von Treibstoffen verwenden sollte. Da alle Flächen Europas, von Schutzgebieten und Städten einmal abgesehen, bereits zur Pflanzenproduktion genutzt werden, stellt sich die Frage, wo zusätzliche Äcker herkommen sollen. Die Antwort ist relativ einfach. Die zusätzlichen Flächen werden dort liegen, wo bereits jetzt ein Teil unserer Agrargüter produziert wird: In Schwellen- und Entwicklungsländern. Noch gibt es dort Naturwälder, die gerodet und umgewandelt werden können, und rücksichtslose Entscheidungsträger erleichtern den ungehemmten Export der von der eigenen Bevölkerung dringend benötigten Nahrungsmittel. Für jeden Acker, der bei uns mit Raps für Biodiesel bestellt wird, für jedes Maisfeld, dessen Pflanzen zerkleinert in Gärtanks für Biogas verschwinden, wird irgendwo anders auf der Welt eine neue Fläche bereitgestellt. Der Ausfall an Nahrungs- oder Futtermittel muss schließlich ersetzt werden, ansonsten hieße es für die Bewohner der Industriestaaten, eine kollektive Diät zu beginnen. In vielen Fällen werden in Ländern, die noch nennenswerte Naturwälder besitzen, für die Ausweitung der Landwirtschaft wertvolle Ökosysteme geopfert. Mit der zusätzlichen Produktion von Biomasse für Energiezwecke verlagern

wir unsere Probleme nur ein paar tausend Kilometer weiter und verlieren damit die Folgen aus den Augen.
Werden neue Flächen für den Ackerbau durch Rodung von Wäldern oder das Umpflügen von Grasland gewonnen, so werden, nach einer neuen Studie des US-Forschers Timothy Searchinger von der Princeton-Universität, riesige Mengen klimawirksamer Gase freigesetzt. Mit dem Anbau von Mais für die Ethanolproduktion soll ja eigentlich der Ausstoß von Treibhausgasen reduziert werden. Stattdessen setzen gerodete Flächen durch den Abbau von Humus und anderer Biomasse im Durchschnitt das 167-fache dessen frei, was durch eine Jahresproduktion an Biokraftstoffen auf gleicher Fläche eingespart wird. Zusätzlich belastet auch der Anbau selbst die Atmosphäre. Gemäß einer Veröffentlichung im Wissenschaftsmagazin „Science“ sind Biodiesel und Bioethanol allein schon wegen des aus dem bei der Pflanzenproduktion durch Düngereinsatz entweichenden Lachgases rund 1,5-mal klimawirksamer als herkömmlicher Treibstoff. Auf der weißen Weste dieser Auswechselspieler für Erdöl tauchen jedoch weitere schwarze Flecken auf. Die gerodeten Regenwaldflächen in Indonesien, nun bestückt mit Ölpalmen, sind trauriger Spitzenreiter in Bezug auf eine schlechte Ökobilanz. Die oft mehrere Meter dicken Torfschichten, auf denen der alte Regenwald fußte, zersetzen sich in der prallen Sonne innerhalb weniger Jahre, oder sie verbrennen zusammen mit den Urwaldriesen in den Feuern nach den illegalen Abholzungen. Sie setzen dabei 400-mal mehr Kohlendioxid frei, als durch die Erzeugung von Palmöl auf der gleichen Fläche jährlich wieder eingespart würde. Im Klartext: Erst nach 400 Jahren wäre Palmöl dieser Herkunft klimaneutral. Sie erinnern sich: Biodiesel aus diesem Rohstoff wird bei uns steuerlich gefördert, weil er angeblich so umweltfreundlich ist.
Ein echtes Dilemma also, denn wie will man verstärkt Energiepflanzen anbauen, ohne neue Flächen zu gewinnen? Da die alten bereits

für die Nahrungsmittelproduktion genutzt werden, bliebe so gesehen nur die Wahl zwischen Gas geben und hungern. Wie unsinnig und ungesteuert staatliche Fördergelder die Entwicklung beeinflussen, zeigt sich am Beispiel eines westdeutschen Pelletherstellers. Sie erinnern sich: Pellets sind die kleinen Holzröllchen, welche aus Sägemehl gepresst werden und der Verfeuerung in Heizungen dienen. Dieses Sägemehl muss zuvor durch warme Luft getrocknet werden. Kein Problem für einen Pellethersteller, sollte man meinen – denn schließlich sitzt er ja auf einem selbst produzierten Berg von Heizmaterial, von dem ein gewisser Anteil in den Produktionsprozess zurückfließen könnte. Staatlich gefördert wurde in jenem Fall aber das Trocknen des Sägemehls mit einer Heizanlage, die Palmöl verfeuert! Pellets aus heimischem Holz haftet somit je nach Hersteller der Geruch von Regenwaldvernichtung an. Ungeachtet dieser Auswüchse fahren die europäischen Staaten mit Volldampf weiter in Richtung des verstärkten Einsatzes von Bioenergie. So werden die Fördergelder für Biomasseheizanlagen ständig erhöht. Ab 2009 stehen allein in Deutschland bis zu 500 Millionen Euro zur Verfügung. Für den Einbau einer modernen Pelletheizung erhält ein Hausbesitzer 2500 Euro Mindestzuschuss. Kein Wunder, dass bei solchen finanziellen Schüben Bundesumweltminister Gabriel am 7. Dezember 2007 den einmillionsten Förderbescheid übergeben konnte. Schade nur, dass bis heute nicht klar ist, wer zukünftig das Heizmaterial liefern soll. Wir erinnern uns: Prognosen zufolge fehlen im Jahr 2020 EU-weit 140 Millionen Kubikmeter Holz. Wird hier der Weg in die Sackgasse subventioniert?

Ein Umdenken ist jedenfalls noch nicht erkennbar. Wissenschaftler der Universität Greifswald schlugen im April 2008 ein besonders bizarres Verfahren zum Klimaschutz vor: Die Einlagerung von großen Holzmengen in alte Bergwerke. Das beim Wachstum der Luft entzogene und im Holz gebundene Kohlendioxid könne so dauerhaft deponiert werden, zudem sei das Verfahren vergleichsweise

preiswert, so die Wissenschaftler. Dass dabei den Märkten begehrte Rohstoffe entzogen würden, die durch fossile Energieträger ersetzt werden müssten, scheint nicht aufgefallen zu sein. Genau genommen könnte man stattdessen genauso gut Erdöl, welches frisch gefördert in Tanklagern ruht, wieder in die ehemaligen Lagerstätten zurückpumpen, der Effekt wäre der gleiche. Aber wenigstens würde dann der Unsinn solcher Vorschläge deutlicher zu Tage treten.
Der Holzboom wird überdies auch ohne die Umsetzung solcher Theorien weiter gesteigert, da inzwischen auch andere Branchen in den überhitzten Markt einsteigen. Biorohstoffe können nämlich weitaus mehr Verwendungsmöglichkeiten haben, als nur zur Energiegewinnung verheizt zu werden.

Multitalentersatz

Erneuerbare Energien gibt es in einer großen Bandbreite. Zum Teil erreichen sie, wie beispielsweise Windkraftwerke, schon beachtliche Wirkungsgrade, und die Ökobilanz ist ebenfalls im grünen Bereich. Trotz der jährlich stark steigenden Zahl installierter Anlagen werden die technischen Lösungen in naher Zukunft von dem Sektor der Bioenergie überflügelt werden. Warum? Weil es darum geht, Erdöl und Erdgas zu ersetzen. Gewiss, einige Teilbereiche dieser fossilen Energieträger können auch durch Solar- und Windenergie abgedeckt werden. Strom und Wärme, aber auch Wasserstoff als Energiequelle für Automobile lassen sich mit Hilfe von Sonne und Wind problemlos herstellen. Unser Lebensstandard ist mittlerweile aber noch viel stärker abhängig vom schwarzen Gold.
Schauen Sie sich doch einfach einmal in dem Raum um, in dem Sie gerade dieses Buch lesen. Ist der Teppich aus Kunststoff? Was ist mit den Möbeloberflächen? Echtholz oder Laminat aus Kunststoff? Auch ein Blick auf die Schildchen Ihrer Kleidung lässt hier und da

Begriffe wie „Polyester“, „Nylon“ oder fantasievolle Bezeichnungen wie „Polartec“ erkennen. Weitere Blicke enthüllen, dass Sie von zahllosen Kunststoffkreationen umgeben sind, egal ob Milchtüten, Uhren oder Unterhaltungselektronik. Die Aufzählung kann fast endlos fortgesetzt werden. In irgendeiner Form ist auch immer Erdöl als Rohstoff mit von der Partie. Diese vielfältigen Kreationen unserer Wohlfühl-Umgebung kann man ohne das schwarze Gold nicht herstellen. Steht es nicht mehr zur Verfügung, nützt alle Solar-, Wind- oder Wasserenergie nichts mehr. Denn Erdöl ist eine über Jahrmillionen gut konservierte organische Substanz, die wir ebenfalls einfach Bioenergie nennen könnten. Entstanden aus Farnen und Bäumen sowie unzähligen Kleinstlebewesen, besitzt die klebrige Masse, dank ihrer langkettigen Kohlenwasserstoffe, Eigenschaften, die schier unendliche Einsatzmöglichkeiten erlauben. Ersatz können hier nur Substanzen mit gleichen Eigenschaften und gleicher Ausgangsbasis bieten: Biorohstoffe.

Aus Holz und Co kann man tatsächlich all das herstellen, wofür bis dato Öl die Ausgangsbasis war. Textilien, Medikamente, Möbel, Fahrzeuge, Häuser und Farben; alles kein Problem mehr. Daher tritt auch ein Abnehmer auf den Plan, der bei all den neuen Studien über die Zukunft der Bioenergie, über die verfügbaren Mengen an pflanzlichen Rohstoffen und die Verwendung in Kraftwerken und Fahrzeugen etwas stiefmütterlich behandelt wurde: Die chemische Industrie. Denn Bio ist modern, gibt werbetechnisch vielen Produkten den letzten Kick. Interessanterweise kann zukünftig fast jede Branche von dieser schmucken Silbe profitieren. Bisher haben wir Produkte wie Biodiesel nur im Zusammenhang mit der Treibstoffherstellung betrachtet. Pflanzenöl eignet sich aber ebenso wie seine fossile Variante genau so gut zur Herstellung von Kunststoffen. Was banal klingt, ist in Wirklichkeit eine kleine Revolution. Etliche der neuen Produkte bauen sich nämlich nach Gebrauch innerhalb weniger Wochen ab, sind also verrottbar. Das wäre doch was: Ver-

packungen, Plastiktüten oder High-Tech-Textilien, alles könnte auf Ihrem Komposthaufen im Garten landen. Speziell im Bereich Einweggeschirr oder Tragetaschen gibt es diese Lösungen schon. Sympathisch, nicht? Genau deswegen werden zukünftig immer mehr Hersteller auf diesen Zug aufspringen.
Als Verbraucher heißt es aber dennoch, auch künftig die Augen aufzuhalten. Denn aus Pflanzenöl lassen sich auch „normale" Kunststoffe herstellen, die nach Gebrauch die Umwelt ebenso belasten wie Erdölprodukte. Im Zusammenhang mit den Prognosen über die Verfügbarkeit von Bioenergie bedeutet die Entwicklung auf dem Kunststoffsektor eine erhebliche Unsicherheit. Bisher konnte relativ einfach kalkuliert werden, wie viel Holz sich nicht zur Möbel- oder Papierherstellung eignet. Diese Menge stand für die Energieerzeugung zur Verfügung. Nun aber beanspruchen auch Kunststoffhersteller mehr und mehr von diesen Hölzern. Und nicht anders ergeht es Chinaschilf, Raps und Mais: Auch sie sind willkommene Ersatzstoffe für Erdöl. Der Anstieg des Verbrauchs von pflanzlichen Rohstoffen für derartige Zwecke ist kaum kalkulierbar, eines ist jedoch klar: Der Druck auf die europäischen Wälder, auch den letzten Krümel Holz herauszuholen, wird durch diese bis dato kaum berücksichtigten Abnehmer weiter verstärkt.

Weltwald

Kommen wir wieder zum Ausgangspunkt des Buches zurück. Welche Auswirkungen hat die Nachfrage nach Bioenergie und Biomasse auf die weltweite Waldentwicklung? Wald ist bei Planungen des Menschen stets die schwächste Landschaftsform. Im Zweifelsfall ist es immer die grüne Lunge, die weichen muss. Denken Sie an den Ausbau von Flughäfen oder den Autobahnbau. Wann immer vom Gelände her möglich legen Planer die Trassen in Waldgebiete.

Der Grund: Häufig sind diese Flächen in öffentlicher Hand und die Waldparzellen in der Regel riesengroß. Dies bedeutet zum einen, dass es nur wenige Eigentümer zu überzeugen gilt, zum anderen tendiert der Widerstand bei staatlichen oder kommunalen Besitzern gegen Null. Die offiziellen Waldstatistiken scheinen dem zu widersprechen, da die Waldfläche in vielen europäischen Ländern wächst. Nur werden in der Regel für Baumaßnahmen alte, gewachsene Waldgebiete geopfert, während gleichzeitig anderenorts Plantagen in großem Stil angelegt werden. Und da die neu angelegten Plantagenflächen größer sind als die der alten Wälder, sieht die Gesamtbilanz zunächst positiv aus. Lediglich die noch relativ kleine Fläche der europäischen Schnellwuchsplantagen mit ihren Mini-Bäumen tritt noch nicht bilanzverfälschend auf, da sie bisher als Ackerland gewertet wird. Die Aufrechnung der übrigen Plantagen mit gerodeten Urwäldern ist irreführend, denn dass die neuen Wälder in punkto Artenreichtum nur noch ein schwacher Abglanz der ursprünglichen Natur sind, und die Bezeichnung „Wald" gar nicht mehr verdienen, geht aus den Statistiken leider nicht hervor. Dieser Trend wird sich durch den zunehmenden Einsatz von Bioenergie aus Holz noch verstärken, da auch die naturnäheren Wälder vermehrt maschinell bearbeitet werden und sich dadurch Richtung Plantage bewegen.

Ähnliche Entwicklungen gibt es weltweit. Die Naturschutzorganisation WWF (World Wide Fund for Nature) hat in einem Bericht zum Zustand der Wälder der Welt die Lage zusammengefasst.[31] Danach beträgt der jährliche Waldflächenverlust 150 000 Quadratkilometer. Da in Europa, den USA und China durch Neuanlage von Plantagen die Waldfläche wachse, mache der Nettoverlust nur 73 000 Quadratkilometer jährlich aus, so die Umweltschützer. Aber auch in den Tropen gibt es parallele Entwicklungen. So werden auf ehemaligen Regenwaldflächen nicht nur Soja und Weidegras, sondern auch Holzplantagen angelegt. Eukalyptus ist eine beliebte schnellwachsende Baumart, die triste, lebensfeindliche grüne Wüsten bildet. Im warmen, tropischen Klima wachsen diese Bäume rund fünfmal schneller als Bäume der gemäßigten nördlichen Breiten, wie Eichen und Buchen, und produzieren dementsprechend mehr Holz. Hält der Boom bei Pellets und Co an, so dauert es möglicherweise nicht mehr lange, bis die ersten Pellettanker aus Brasilien in Hamburg oder Rotterdam anlegen. Aus Argentinien beliefert bereits ein Pelletwerk Kunden in Irland und Italien.[32] Die tropischen Plantagenflächen sind viel produktiver als vergleichbare Forste in den USA oder Europa. Da scheint es nur logisch zu sein, dass der Druck auf die verbliebenen Urwälder wächst, um Platz für die lohnenderen Bionergie-Pflanzungen zu machen.

Vergessen wir bei der ganzen Diskussion aber nicht, dass die tropischen Länder mit ihren Regenwäldern erst auf dem Weg dorthin sind, wo weite Teile der nördlichen Hemisphäre schon angekommen sind: In Europa und den USA sind die Urwälder bis auf winzige Reste fast völlig verschwunden. Was die Bewohner dieser Regionen „Wald" nennen, ist in aller Regel ein buntes Flickwerk aus Monokulturen. Und Kanada, mit seinen noch riesigen Urwäldern, ist auf dem besten Weg dorthin. Die regenreichen Küstenwälder im Westen trugen dieser Region den Namen „Brasilien des Nordens" ein. Der Name kam allerdings nicht nur wegen der Besonderheit der niederschlagsreichen Wälder, sondern auch der Art der Behandlung zustande. Jährlich werden in Kanada rund 7000 Quadratkilometer Urwald durch Holzeinschlag, überwiegend Großkahlschläge, vernichtet. Da man sich um das Image als Touristentraum sorgt, werden entlang von Straßen und Wegen schmale Streifen des Waldes verschont. Das soll den Wanderern aus fernen Ländern ein Gefühl von Ursprünglichkeit und Naturnähe vermitteln. Im Hinterland grüßen dagegen vielerorts gänzlich kahlgeschlagene Höhenzüge, deren Erdreich nach starken Niederschlägen abrutscht und wichtige Verbindungsstraßen versperrt. Zwar wurden in jüngs-

ter Zeit etliche Teilgebiete unter Schutz gestellt, doch wenn die Energiepreise im prognostizierten Rahmen weitersteigen, so wird auch dort der Druck auf die Restwälder wachsen.
Im fernen Sibirien erleiden die dortigen Urwälder dasselbe Schicksal. Mit China steht ein energie- und rohstoffhungriger Abnehmer direkt vor der Haustür, und die Umweltstandards in der ehemaligen Sowjetunion stecken noch in den Kinderschuhen. Die Kahlschläge in den bis jetzt ursprünglichen Taigawäldern sind unvorstellbar groß. So müssen Waldarbeiter, deren Häuser noch vor Jahren im Wald standen, teilweise per Hubschrauber zu den nächstgelegenen Bäumen geflogen werden. Auch hier bringt der Boom der Bioenergie weitere Brisanz hinein: Russland baut aktuell in größerem Umfang eine eigene Pelletindustrie auf, und das nicht etwa für den Export. Beheizt werden sollen damit heimische Siedlungen; das eingesparte Öl und Gas wird lieber exportiert.
Und Europa? Die langsam, aber stetig wachsende Waldfläche verschleiert, dass hier eine ständige Verschiebung von naturnahen Nutzwäldern zu reinen Holzplantagen stattfindet. In Portugal werden die alten Korkeichenwälder immer mehr zugunsten schnell wachsender Eukalyptusplantagen zurückgedrängt. Neben der ökologischen Tristesse, die in solchen Monokulturen herrscht, bringt die australische Baumart noch andere Probleme mit sich. Wasser, ein knappes Gut gerade im Süden Europas, wird von diesen Bäumen in derartigen Mengen verbraucht, dass der Naturhaushalt ganzer Regionen in Schieflage gerät. Ein weiteres Problem kennen Sie vielleicht von Hustenbonbons. Was bei diesen Süßigkeiten den Hals und Rachen befreit, sind ätherische Eukalyptusöle. Diese sorgen im lebenden Baum für eine deutlich erhöhte Brennbarkeit. Da die staatlichen Entschädigungen für abgebrannte Eukalyptusplantagen teilweise deren Holzwert übertrafen, war das Brandrisiko für viele Grundbesitzer finanziell nicht existent. Waren beispielsweise Portugals Korkeichenwälder durch die dicke Rinde noch vor Feuer

geschützt, so hält das Land heute den Spitzenplatz Europas in Bezug auf Waldbrandgefährdung. Schottland, um 1900 nur zu fünf Prozent bewaldet, startete in den vergangenen Jahrzehnten ein ehrgeiziges Wiederaufforstungsprogramm. Aktuell ist das Bewaldungsprozent schon bei 17 angelangt; bis 2050 werden 25 Prozent angepeilt. Wer damit allerdings eine Rückkehr der Natur verbindet, wird enttäuscht. Die gepflanzten Wälder bestehen zum größten Teil aus dort nicht heimischen Fichten und Kiefern. Ähnlich sieht die Lage in den anderen Teilen Europas aus. Riesige Fichten- und Kiefernplantagen bestimmen in vielen Fällen das Landschaftsbild von Belgien bis Polen, von Österreich bis Schweden. Hinzu kommt, dass aus den bestehenden älteren Wäldern so viel Holz genutzt wird, dass sie in ihrer Funktion als Kohlenstoffspeicher deutlich beeinträchtigt werden. So beträgt die gespeicherte Biomasse in bewirtschafteten Wäldern teilweise weniger als 50 Prozent dessen, was Urwälder auf gleichem Standort bevorraten würden. Zwar nimmt die Gesamtfläche des Waldes stetig zu, durch die Intensivierung der Holznutzungen und die Zerstörung alter Waldböden durch schwere Maschinen sinkt die Speicherfähigkeit dieser Ökosysteme für Kohlendioxid jedoch immer weiter ab.

Endlich(e) Energie

Jahrzehntelang hielten uns Berichte wie „Global 2000" in Atem, die vor der Endlichkeit fossiler Rohstoffe warnten. Da unsere Zivilisation und unser Wohlstand zumindest aktuell nur mit einem gewaltigen Energieverbrauch aufrechterhalten werden können, klingt es schon beunruhigend, wenn beispielsweise Erdöl in 40 Jahren nicht mehr verfügbar sein sollte. Der fieberhafte Ausbau der Nutzung von Biomasse ist der Einsicht geschuldet, dass, ohne Alternativen zu Öl, Gas und Kohle, unser Lebensstandard nicht zu halten sein wird. Zudem ist eine Anhebung der Lebensbedingungen in Ländern der Dritten Welt erklärtes Ziel Aller, was naturgemäß einen weiter gesteigerten Energiebedarf zur Folge hat. In Zeiten depressiv gefärbter Diskussionen um den Klimawandel, um Umweltzerstörung und ungebremstes Bevölkerungswachstum klingen die Möglichkeiten der Bioenergie schon fast wie eine messianische Verheißung. Das Schlüsselwort heißt „erneuerbar". Unendlich oft soll sich der Kreislauf aus der Erzeugung von Biomasse und deren anschließender Verarbeitung zu Strom, Wärme oder natürlich auch Lebensmitteln wiederholen lassen. Das klingt verdächtig nach der Suche des Perpetuum Mobiles. Schon seit über 1000 Jahren fahndet die Menschheit nach solch einer Maschine, die, ohne dass man ihr Energie zuführt, Arbeit verrichtet. Das ist physikalisch leider unmöglich. Bei erneuerbaren Energien ist die Situation nicht ganz vergleichbar, denn hier wird ja Sonnenenergie durch technische Apparate oder Pflanzen eingefangen und genutzt. Dennoch ist speziell im Bereich Biomasse die Aussage der Erneuerbarkeit und damit des praktisch unendlich Verfügbaren definitiv falsch.

Nehmen wir ein historisches Beispiel zur Hilfe, einen Wald in meiner Heimat, der Eifel. Entlang der alten Römerstraße von Trier nach Bonn wurde schon vor rund 1000 Jahren der alte Urwald gerodet. Das Holz verbrannte als Bioenergie in den Feuerstellen der damaligen Bauern. Anschließend wurde dort viele Jahrhunderte lang Ackerbau betrieben, also Pflanzenproduktion zur Versorgung der Bevölkerung. Gepflügt wurde mit ausgemergelten Milchkühen, die kleine Pflüge zogen und damit die Erde aufkratzten. Dünger gab es nur in Form von Stallmist, der nicht für alle Flächen reichte. Die Parzellen, auf denen zwar regelmäßig geerntet, nicht aber gedüngt wurde, verarmten schließlich in Bezug auf Nährstoffe derart, dass Getreide nicht mehr ertragbringend wachsen konnte. Dürres, energiearmes Gras eroberte die ehemaligen Äcker und ernährte weitere Jahre Schafe, die in großer Zahl gehütet wurden. In zu großer Zahl.

Jedes Hälmchen, welches aus dem kargen Boden spross, verspeisten die hungrigen Mäuler, sodass sich die Vegetation ein drittes Mal veränderte. Heidekraut und Wacholdersträucher eroberten das Terrain und hielten den Schafherden stand. Dennoch gab es für die Landschaft keine Atempause, denn die Bauern ernteten das Heidekraut als Einstreu für die Viehställe und verwendeten das eigentlich dafür vorgesehene Stroh als Futter. Die alten Waldböden entlang des Römerweges entfernten sich immer weiter vom Naturzustand: Die Bodenlebewesen des Urwaldes, viele hundert Arten von Asseln, Milben, Pilzen und Bakterien, verschwanden weitestgehend. Der einst humus- und nährstoffreiche, lockere Boden verlor seine Wuchskraft und wurde durch den Tritt von Schaf und Rind hart. Zudem entstand durch das Pflügen eine verschmierte Schicht in 20 Zentimetern Tiefe, Pflugsohle genannt; weiter konnten die kärglichen Holzpflüge nicht in den Boden eindringen.

Heute steht auf den ehemaligen Äckern und Heideflächen wieder Wald. Er besteht aus Fichten, die man vor Jahrzehnten zwecks rascher Holzproduktion angepflanzt hatte. Besonders gut funktioniert das allerdings nicht, da die Wurzeln der Bäume die Pflugsohle nicht mehr durchstoßen können. Schlecht verankert haben die Fichten bei heftigen Stürmen kaum eine Chance, älter als 50 Jahre zu werden. Zudem speichert der in 20 Zentimetern Tiefe abgedichtete Boden nur wenig Wasser. Regnet es heftig, so wirkt die Schmierschicht der früheren Pflüge wie eine Badewanne, sodass der ganze Waldboden wie ein Sumpf aussieht. Im Sommer trocknet die dünne obere Bodenschicht rasch aus, denn in größeren Tiefen ist von den Winterniederschlägen nichts angekommen. Borkenkäfer haben mit den verdurstenden Fichten leichtes Spiel. Und die wenigen intakten Böden, die es in heimischen Wäldern noch gibt, erleiden momentan das gleiche Schicksal wie die Parzellen am Römerweg. Große Holzerntemaschinen verdichten diese beim Überfahren bis zu 2,5 Meter Tiefe. Die Folgen sind ein deutlich reduziertes

Wachstum sowie eine erhöhte Anfälligkeit der Bäume gegen Insekten und Sturm. Die Holzmengen, die einst der Urwald produzierte, werden diese Forste nicht mehr erzeugen können.
Ähnliche Beispiele kann man für jeden Bereich der Land- und Forstwirtschaft aufführen. Fortgeschwemmte Ackerböden, Anreicherung mit Schadstoffen durch Pestizideinsätze sowie durch das Ausbringen von Klärschlämmen als Dünger, Veränderungen durch den Einsatz von Gentechnik: Das vermeintliche Perpetuum Mobile produziert schon lange nicht mehr das, was ursprünglich möglich war. Kaschiert wird der Verfall der Produktionsflächen nur noch durch den Einsatz von Kunstdünger, Bewässerungstechnik und Schädlingsbekämpfungsmitteln. Vergleichbar ist dies mit einem Bodybuilder, der durch die Einnahme von Steroiden und Anabolika zwar vor lauter Kraft nur so strotzt, innerlich aber längst kurz vor dem Organversagen steht. Bioenergie ist nicht unendlich in gleicher Menge neu zu produzieren, jedenfalls nicht in dem Ausmaß, welches wir unseren Böden abverlangen. Genau wie bei Öl und Kohle findet auch in diesem Bereich ein Abbau der Potenziale statt, der aber noch viel zu wenig diskutiert wird.

Bioträume

Der Traum von Ökofundamentalisten: Eines schönen Tages werden alle fossilen Energieträger durch erneuerbare Energien abgelöst. Kein zusätzliches Kohlendioxid würde in die Atmosphäre geblasen, und um die Energieversorgung bräuchte sich niemand mehr Sorgen zu machen. Das Ganze noch in Harmonie mit der Natur, und der Traum wäre perfekt. Jetzt klingelt der Wecker. Genau wie morgens, wenn man sich aus dem Bett quält, obwohl man gerne noch liegen geblieben wäre, genau so müssen wir uns von diesem Traum verabschieden. Denn nicht nur meiner Auffassung nach werden

alle fossilen Rohstoffe, die zugänglich sind, auch genutzt und verbrannt werden. Bis auf den letzten Brocken Kohle und den letzten Tropfen Öl. Schockierend, oder?
Doch schauen wir uns einfach unseren eigenen Lebensstandard an. Es ist allgemein bekannt, dass wir unseren Energieverbrauch senken müssen, und es sind in den vergangenen Jahren erhebliche Anstrengungen dazu gemacht worden. Denken Sie an die ehrgeizigen Ziele der Europäischen Union, an den Handel mit CO_2-Zertifikaten, an die finanzielle Förderung von Bioenergie und Wärmedämmung von Gebäuden. Und dennoch musste das Umweltbundesamt feststellen, dass von 1995 bis 2005 der Energieverbrauch der privaten Haushalte um 3,5 Prozent gestiegen ist.[33] Zwar ging der Bedarf an Heizenergie zurück, gleichzeitig stieg jedoch der Bedarf an Strom stetig an. Der Grund: Die Zahl der Elektrogeräte nimmt laufend zu. Computer, DVD-Spieler, Wäschetrockner und andere Wunder der Technik vermehren sich in unseren Heimen wie die Kaninchen. Wenn es uns schon so schwer fällt, sparsamer zu wirtschaften, wie soll es dann erst den Milliarden Menschen in den aufstrebenden Schwellenländern wie Indien oder China gehen? Mit Blick auf unsere Wohlstandsgesellschaft werden sie sich kaum verbieten lassen, ebenfalls an einer Erhöhung ihres noch geringen Lebensstandards zu arbeiten.
Kommen wir noch einmal auf den Traum zurück und nehmen wir gleichzeitig an, wir könnten den Energieverbrauch der Welt mit dem heutigen Tag einfrieren. Wäre dann ein Ersatz von Öl und Kohle durch Bioenergie möglich? Es gibt ein schönes Hilfsmittel, um das herauszufinden: Den ökologischen Fußabdruck. Er wird in Hektar, also in Einheiten von 10 000 Quadratmetern, angegeben. Berechnet wird dabei, welche Fläche jeder Mensch in Anspruch nehmen müsste, um alle Lebensbedürfnisse und Nutzungen aus erneuerbaren Quellen, also beispielsweise Ackerbau und Forstwirtschaft, befriedigen zu können, ohne die natürlichen Grundlagen zu zerstö-

ren. Nach Angaben des Schweizer Bundesamtes für Statistik aus dem Jahr 2006 ist der ökologische Fußabdruck der Weltbevölkerung seit Mitte der 1980er-Jahre größer als die weltweite Biokapazität, das heißt, dass der Verbrauch an Gütern seit diesem Zeitpunkt über der natürlichen Regenerationsfähigkeit liegt. Pro Kopf der Weltbevölkerung wären im Jahr 2006 mindestens 2,2 Hektar notwendig gewesen, um nachhaltig zu wirtschaften. Zur Verfügung standen jedoch weniger als zwei Hektar.[34] Die Bewohner Mitteleuropas haben nach diesen Angaben einen ökologischen Fußabdruck von fünf Hektar, leben also in Bezug auf die Umwelt deutlich über ihre Verhältnisse. Noch weiter entfernt von den natürlichen Kapazitäten liegt der Bedarf der USA. Hier würde jeder Bürger 9,7 Hektar Fläche benötigen. Bevor nun Schelte in Richtung Nordamerika einsetzt: Das ist sicher sehr viel, nämlich rund das Doppelte, was wir Mitteleuropäer verbrauchen. Wir aber verbrauchen wiederum mehr als das Doppelte des Weltdurchschnitts und das Vierfache des pazifisch-asiatischen Raumes. Dieser Fußabdruck ist eindeutig mehrere Nummern zu groß. Wenn wir uns nämlich völlig nachhaltig ausschließlich mit natürlichen Rohstoffen und erneuerbaren Energien versorgen wollten, müssten wir entweder unseren Lebensstandard kräftig senken oder schleunigst neue, energiesparende Technologien entwickeln. Selbst eine Reduktion unseres Ressourcenverbrauchs um 50 Prozent wäre noch zu wenig. Aber spinnen wir die Utopie ruhig noch weiter. Gehen wir davon aus, unseren Verbrauch auf den Stand des Jahres 1970 zurückführen zu können. Auch wenn uns der Kraftakt in kürzester Zeit gelänge (und nur dann bräuchten wir die meisten fossilen Rohstoffe nicht zu verfeuern), wäre da immer noch die rasante Aufholjagd der ärmeren Nationen. China, Indien und andere Schwellenländer müssten ihr wirtschaftliches Wachstum auf der Stelle beenden, damit der Traum Wirklichkeit werden könnte.

Da weder das eine noch das andere machbar, und im Falle der Schwellen- und Entwicklungsländer auch nicht wünschenswert ist, wird es höchste Zeit, sich vom Biotraum zu verabschieden. Bestenfalls kann uns kluge und umsichtige Nutzung von Energie aus Biomasse eine Fristverlängerung gewähren, bevor wir hoffentlich unsere Zivilisation auf eine andere Energiebasis stellen können. Erste Ansätze gibt es ja bereits.

Alternative Alternativen?

Erneuerbare Energien gibt es heute in so vielen verschiedenen Formen, dass es für den Endverbraucher kaum noch möglich ist, den Überblick zu behalten. Photovoltaikanlagen, also Solarzellen zur Stromerzeugung, Warmwassersolaranlagen, Wasserkraftwerke, Erdwärmeanlagen und Windräder kommen ohne pflanzliches Leben aus. Mit den botanischen Helfern kann man jedoch, neben Strom und Wärme, zusätzlich auch Gas und Biotreibstoffe herstellen. Zur Entscheidungsfindung, welcher Weg besonders zukunftsträchtig ist, sind verschiedene Kriterien zu beachten: Da wären zunächst die Auswirkungen auf die An- oder Abbaufläche selbst zu untersuchen, beispielsweise die Rodung von Wald, das Graben von Minen zur Rohstoffgewinnung oder die Errichtung von Gebäuden. Anschließend muss der Energieaufwand berechnet werden, der zur Anlage von Plantagen oder von industriellen Einrichtungen sowie der Herstellung von Geräten und Maschinen notwendig ist. Dieser Energieaufwand muss dem Energiegewinn aus der künftigen Produktion gegenübergestellt werden. Als letzter Punkt ist die mengenmäßige Verfügbarkeit zu untersuchen. Eignet sich der eingeschlagene Weg tatsächlich, fossile Energieträger in nennenswertem Umfang abzulösen?
Schauen wir uns also die nichtpflanzlichen, die technischen Alternativen an. Als Anbaufläche für Solar-, Wasser- und Windkraftanlagen kann man die Flächen zur Gewinnung von Metallen, Silizium

etc. sowie den Aufstellungsstandort der Maschinen und Gebäude bezeichnen. Und da wird ein direkter Vergleich aufgrund der Vielzahl der eingesetzten Materialien schon schwierig. Einigen wir uns darauf, dass der Bergbau zur Gewinnung der Maschinenrohstoffe je nach Anlagengröße einen deutlichen Eingriff in die Natur bedeutet. Bei der Energie zur Erzeugung der Apparate ist es schon einfacher. Solarzellen verbrauchen bei der Herstellung vor allem der Siliziumbestandteile so viel Energie, dass sie diese erst nach zwei bis vier Jahren Betrieb wieder eingespielt haben. Bei kalkulierten 20 Jahren Betriebsdauer ist das aber immer noch eine akzeptable Rate. Die große Stärke von Solarzellen zeigt sich im Landschaftsverbrauch. Wo für andere Kraftwerke umfangreiche Erdarbeiten und Bauwerke notwendig werden, begnügen sich Solarzellen mit nach Süden ausgerichteten Hausdächern. Neueste Entwicklungen lassen auf noch unauffälligere Solarkraftwerke hoffen. Die sogenannte Dünnschichttechnologie erlaubt die Fabrikation von nur 0,05 Millimeter dicken Zellen aus Silizium oder Kupferverbindungen. Die Vorteile: Zum einen wird deutlich weniger des teuren und energieaufwendigen Siliziums benötigt, und zum anderen lassen sich mit derart dünnen Solarzellen beispielsweise Dachziegel ausrüsten. Zukünftig könnten dann Häuser mit Solarziegeln gedeckt werden, die mehr Strom erzeugen, als die Bewohner verbrauchen. Einen einzigen Nachteil haben Solarzellen: Nachts produzieren sie keinen Strom. Die Forschung konzentriert sich daher neben der Weiterentwicklung der Zellen auch auf Speichermöglichkeiten der tagsüber gewonnenen Energie, um diese rund um die Uhr gleichmäßig ins Stromnetz einspeisen zu können.

Mit sehr wenig Platz kommt auch der nächste Kandidat für umweltfreundlichen Strom aus: Erdwärmekraftwerke. Die Idee ist bestechend. Unter unseren Füßen, in wenigen Kilometern Tiefe gibt es das im Überfluss, was herkömmliche Kraftwerke mit Kohle, Gas oder Öl erst mühsam erzeugen müssen: Hitze. Bis zu 6000 °C ist es im Inneren unseres Planeten heiß, und die oberflächennahen Gesteinsschichten können immerhin noch mehrere 100 °C Wärme aufweisen. Erdwärmekraftwerke nutzen das schier unerschöpfliche Potenzial, indem sie durch tief in das Gestein gebohrte Leitungen Wasser pumpen, welches sich aufheizt und dann durch eine weitere Leitung wieder nach oben gesaugt wird. Das heiße Wasser treibt in Form von Dampf Turbinen an, welche, gleich riesigen Fahrraddynamos, Strom erzeugen. Die verbleibende Wärme kann genutzt werden, um über Fernleitungen Haushalte und Industrie mit Heizenergie zu versorgen. Nun ist die Kruste, die auf zähflüssigen Gesteinen schwimmt, überall auf unserem Planeten sehr unterschiedlich dick. Island zum Beispiel sitzt auf einer dünnen Schicht, was neben dem Nachteil ständiger Vulkanausbrüche auch den Vorteil mit sich bringt, schon in geringer Tiefe auf sehr heißes Gestein zu stoßen. Über die Hälfte des gesamten Energieverbrauchs Islands wird bereits durch heißes Wasser aus dem Untergrund geliefert. Auch in Deutschland gibt es Gebiete mit entsprechendem Potenzial. So gilt der Oberrheingraben, etwa bei Landau oder Baden-Baden, als einer der ganz heißen Anwärter. Wo bisher neben der Hitze auch noch Grundwasser im Untergrund vorhanden sein musste, wird aktuell an neuen Verfahren gearbeitet. Ziel ist die Errichtung von Erdwärmekraftwerken auch in Regionen mit wasserlosen Tiefengesteinen. Dabei wird Wasser in einen bisher trockenen, sehr heißen Fels gepumpt, wodurch Risse erzeugt werden. Durch diese Ritzen und Spalten kann dann Wasser zirkulieren und aufgeheizt wieder zum Kraftwerk gelangen. Die neue Methode birgt allerdings unerwartete Risiken. So kam es am 8. Dezember 2006 bei einem Projekt in der Nähe von Basel zu mehreren starken Erdbeben, die Schäden an rund 100 Gebäuden verursachten. Diese Beben waren tatsächlich durch die Wassereinleitungen in heiße Gesteine ausgelöst worden. Dennoch sind Erdwärmekraftwerke eine hoffnungsvolle Option. Sie könnten tatsächlich eines Tages Atom- und Kohlekraftwerke ablösen, da sie in der Lage sind, rund um die Uhr zu produzieren. Zudem ist die nutzbare Energie der Erdkruste in der Lage, rein rechnerisch den gesamten Bedarf der Menschheit auf heutigem Niveau für die nächsten 100 000 Jahre zu decken, und das ohne Kohlendioxidausstoß während des Betriebs und mit nur geringem Platzbedarf für die Kraftwerke.

Ganz so harmonisch passt sich die nächste Technologie nicht in die Umgebung ein. Windkrafträder spielen zwar schon nach wenigen Monaten ihre Herstellungsenergie wieder ein, der Verbrauch an Landschaft ist aber bis heute immer wieder ein berechtigter Kritikpunkt. Die Standfläche einer einzelnen dieser Windmühlen ist zwar recht klein, etwa 1000 Quadratmeter Fläche verbraucht jeder Rotor für den Mast und das Umfeld. Hinzu kommen jedoch Straßen und Versorgungsleitungen, sodass bei einer Aufstellung in Waldgebieten die eine oder andere Schneise in den Baumbestand geschlagen werden muss. In Baugebieten kommt es darüber hinaus zur Belästigung der Anwohner. Rauschende Flügel und ein flackerndes Tageslicht, hervorgerufen durch den ständigen Wechsel von Schatten und Sonne im Nahbereich der drehenden Rotoren sorgen für eine sinkende Lebensqualität. Auch Vögel und Fledermäuse gehören zu den Verlierern. Nach Angaben der Naturschutzorganisation NABU gefährden besonders Windkraftwerke an Gewässern und in Wäldern die tierischen Flieger. Ein weiterer Schwachpunkt ist die schwankende Energieleistung: Kein Wind – kein Strom.

Für Wasserkraftwerke sieht die Bilanz ein wenig komplizierter aus. Der Aufwand zum Bau von Stauwerken und Turbinen hängt von der Größe des Flusses, seinem Gefälle sowie der Art des Ufers ab. Gewässer, die sich durch steile Felsen zwängen, sind leichter zu stauen als solche, die gemächlich durch weiträumige Täler fließen. Für erstere genügt eine kurze Mauer, für letztere sind aufwendige, breite Bauwerke erforderlich. Die Effizienz des Kraftwerks hängt ganz wesentlich vom Gefälle und der durchfließenden Wassermenge ab, da das gestaute Nass durch Turbinen geleitet wird, die sich umso schneller drehen, je heftiger das Wasser auf sie trifft. Durch ihre robuste Bauweise zählen Wasserkraftwerke zu den ausdauerndsten Stromerzeugern. Etliche mitteleuropäische Anlagen sind schon fast 100 Jahre alt. Umgerechnet auf die Lebensdauer verbrauchen derartige Kraftwerke wohl die geringste Energie für den Herstellungs- oder Bauprozess. Ihre Schwäche liegt im Standort. Denn im Gegensatz zu Solar-, Wind- und Erdwärmekraftwerken beeinflussen Wasserkraftwerke ihre Umgebung massiv. Die zwangsläufig dazugehörende Staumauer staut den hinter ihr liegenden Fluss zu einem See. Damit ändert sich der Charakter des ehemaligen Fließgewässers völlig. Etliche Wasserorganismen sind auf eine starke Strömung angewiesen und verlieren nun ihren Lebensraum, ebenso die Ufervegetation, die in den Fluten des Stausees ertrinkt. Der Rhythmus zwischen winterlichen Hochwassern und sommerlichen Trockenphasen, typisch für unsere Flüsse, gehört im Bereich von Wasserkraftwerken der Vergangenheit an. Der Auewald, auf solche Wechsel angewiesen, stirbt ab. Das Umweltbundesamt geht in einer Studie davon aus, dass derartige Veränderungen durch Wasserkraftwerke stärkere Auswirkungen auf unsere Flüsse haben können als die Gewässerverschmutzung auf ihrem Höhepunkt in den 1970er-Jahren.[35] Ein weiterer Punkt ist ebenfalls von herausragender Bedeutung: Die sogenannte „Durchgängigkeit" der Gewässer geht verloren. Fische stehen vor der Staumauer wie der sprichwörtliche Ochs vor dem Berg. Junge Lachse beispielsweise müssen, um erwachsen zu werden, den Fluss hinab ins Meer wandern. Stoßen sie nun auf die Staumauer, so haben sie nicht die Wahl eines alternativen Weges. Mit der Strömung geraten sie in die schnell drehenden Turbinen, sodass in vielen Fällen nur noch Hackfleisch beziehungsweise Sushi den Fluss hinuntertreibt. Moderne Turbinen verschonen zwar die Wasserbewohner durch eine spezielle Form der Schaufeln, da aber Wasserkraftwerke sehr

robust und dauerhaft sind, gibt es viele Anlagen mit veralteten und für Fische tödlichen Konstruktionen. Haben es die kleinen Lachse tatsächlich bis ins Meer geschafft und werden geschlechtsreif, so geht die Reise eines Tages wieder in die umgekehrte Richtung. Bis sie dann erneut vor der Staumauer stehen, nun unterhalb des Kraftwerks. Um den Fischen eine Rückkehr zu ihren Laichgewässern zu ermöglichen, hat man in vielen Anlagen sogenannte Fischtreppen eingebaut. Dabei handelt es sich um eine Serie hintereinander angelegter, kleiner Wasserbecken, die mit wenige Zentimeter hohen „Wasserfällen" verbunden sind. Von Becken zu Becken springend können die Lachse den Höhenunterschied des Flusses unterhalb des Kraftwerkes bis zur Höhe des Wasserspiegels hinter der Staumauer überwinden. Leider wissen nicht alle Fische, dass es eine derartige Möglichkeit gibt! In Bezug auf das Bauwerk selbst verursacht ein Wasserkraftwerk durch seine Sperrwirkung tatsächlich die größten Umweltveränderungen.
Soweit die aktuellen technischen Möglichkeiten. Rufen wir uns jetzt noch einmal die Begleitumstände von Energie aus Biomasse ins Gedächtnis: Geringe Einsparung von Treibhausgasen, Gefährdung von Naturgebieten, Verbrennung von Lebensmitteln. Unter den erneuerbaren Energien hat Bioenergie, in all ihren Formen, die mit Abstand schlechteste Ökobilanz. So schnell gibt die eben erst in Schwung gekommene Branche aber nicht auf.

Zertifizierung: moderner Ablasshandel

Biotreibstoff gerät immer mehr in die Kritik. Wer möchte schon wegen Betanken seines Fahrzeuges mit Biodiesel Schuld an der Ausrottung der Orang-Utans auf Borneo sein? Das Ziel, den Ausstoß von Kohlendioxid zu verringern, scheint mit den sympathischen Ersatzstoffen aktuell kaum möglich zu sein, wie Sie eben lesen konnten. Anstatt aber generell über den Sinn von Palmöl und Ethanol zu diskutieren, wird jetzt über ein Zertifizierungssystem nachgedacht. Biotreibstoffe sollen für den Import nur noch dann zugelassen werden, wenn für deren Anbau nachweislich kein Regenwald gerodet wurde. Auf europäischer Ebene laufen die Beamtenapparate heiß in dem Bemühen, ein schlagkräftiges System für entsprechende Zertifikate aufzubauen. Die importierten Öle, aber auch Mais, Raps und Soja könnten dann künftig nur noch finanziell gefördert werden, wenn sie gewissen Umweltstandards entsprechen würden. Klingt sehr plausibel, funktioniert aber nicht. Versetzen Sie sich einmal in die Lage eines indonesischen Unternehmers, der viel Land zur Verfügung hat. Die Parzellen bestehen aus Ackerland und noch unberührtem Regenwald. Den Acker brauchen Sie für den Anbau von Soja, ebenfalls fürs Exportgeschäft. Ihr Abnehmer in Deutschland verlangt nun, dass Sie Ihr Palmöl nur auf altem Ackerland anbauen. Kein Problem, das können Sie gerne erfüllen. Sie tauschen dafür ganz einfach die Parzellen: Die Ölpalmen werden auf die alten Ackerparzellen gepflanzt, und für den Sojaanbau wird ein weiteres Stück Regenwald gerodet. Verständlich, nicht wahr? Aber auch über die Stopfung dieses Schlupflochs wird aktuell in Europa nachgedacht. Wenn man Pflanzenöl zertifiziert, muss man auch Soja, eines der wichtigsten Futtermittel für die Schweine- und Putenmast, zertifizieren. Dieses darf dann künftig ebenfalls nicht mehr auf der Basis eines abgeholzten Regenwaldes erzeugt werden. Kein Problem für Sie als indonesischer Landbesitzer, denn erstens wird es noch lange Länder geben, die diese Zertifikate nicht fordern. Zweitens könnten Sie es so machen, wie es derzeit im Bereich der Ökozertifikate für Holz im großen Stil praktiziert wird: Sie fälschen die Begleitpapiere einfach, und drittens können Sie, falls wirklich strenge Kontrollen greifen, tatsächlich die geforderten Kriterien einhalten. Dann produzieren Sie auf der alten Ackerfläche Exportwaren, während Sie für die heimischen

Märkte weiter auf Parzellen produzieren, für die Sie den Regenwald abbrennen.
Beenden wir hier Ihre gedankliche Beschäftigung als indonesischer Plantagenbesitzer und kehren nach Europa zurück. Hier funktionieren die Mechanismen interessanterweise fast identisch. Für die Produktion von Biotreibstoffen werden jedes Jahr tausende von Quadratkilometern Ackerfläche aus der herkömmlichen Produktion herausgenommen und auf Mais oder Raps für die Energiegewinnung umgestellt. Essen wir deswegen weniger? Natürlich nicht, und das Futter für die Tiere, die als Braten auf unseren Tellern landen, kommt dann eben nicht mehr aus der Heimat, sondern wird importiert. Schon sind wir wieder in den Regenwaldgebieten. Wir können es drehen und wenden, wie wir wollen, Zertifikate können nur der Gewissensberuhigung dienen, retten aber keinen einzigen Quadratmeter Regenwald. Dabei wäre das so schön, denn wer will schon dauernd ein schlechtes Gewissen wegen Urwaldvernichtung haben? Überall und ständig wird man heutzutage darauf hingewiesen, dass eigentlich jede Tätigkeit umweltschädlich sei. Bei manchem Zeitgenossen gipfelt diese Sichtweise in Bemerkungen, die meine schon etwas lichten Haare zu Berge stehen lassen. Neulich verwickelte mich ein Ehepaar nach einer Waldführung in eine Grundsatzdiskussion zum Thema „Mensch und Natur". Eine halbe Stunde lang klagten sie verbittert über die Schandtaten, die der Mensch seiner Umwelt zufügen würde. Die Diskussion endete mit der Feststellung, dass die menschliche Rasse überflüssig sei und hoffentlich bald aussterben würde.
Den Menschen als Schädling zu sehen, kann auch keine Lösung bieten. Jeder von uns hat eine Daseinsberechtigung auf diesem schönen Planeten. Bei allen Umweltdiskussionen kann es doch nur darum gehen, ob Beeinträchtigungen unserer Lebensgrundlage und der unserer Enkel vermeidbar wären oder nicht. Nur die Vermeidbaren können Gegenstand von Kritik sein – oder finden Sie Ihre

eigenen Kohlendioxid-Emissionen beim Atmen anstößig? Anstößig sind hingegen Fahrzeuge, die ohne sinnvollen Grund 20 und mehr Liter pro 100 Kilometer verbrauchen, oder auch Flugreisen, die derart billig sind, dass man bequem durch ganz Europa nur zum Shoppen reist. Aber da das schlechte Gewissen in letzter Zeit immer häufiger mitreiste, wurde nach Mitteln der „Beruhigung“ gesucht.

In meiner Familie gibt es ein interessantes Dokument von meinem Urgroßvater. Es stammt aus den 1920er-Jahren und spricht diesen von allen Sünden frei. Es ist ein Ablassbrief des Vatikans, mit der (hoffentlich echten) Unterschrift des Papstes, der eine hübsche Summe Geld gekostet hat. Ob er für meinen Urgroßvater die erhoffte Wirkung hatte, kann ich natürlich nicht sagen, ich will aber auf etwas ganz anderes hinaus: Es gibt diese Ablassbriefe wieder! Und wie damals können Sie sich von Ihren Sünden freikaufen, in diesem Falle Ihren Umweltsünden. So wirbt etwa die Firma Atmosfair mit dem Slogan „Klimabewusst reisen“. Flugpassagiere können zusammen mit ihrem Ticket ein Zertifikat erwerben, das ihren Flug laut Atmosfair CO_2-neutral macht. Die Idee: Für die Flugstrecke wird der anteilige Kohlendioxid-Ausstoß pro Passagier berechnet. Die Gesamtmenge der bei Atmosfair gebuchten Zertifikateinnahmen wird, abzüglich der eigenen Verwaltungskosten, in Projekte der Dritten Welt gesteckt, um dort beispielsweise Dieselkraftwerke durch Wasserkraft zu ersetzen. Die Differenz im Ausstoß von Treibhausgasen zwischen den alten und den neuen Anlagen verbucht Atmosfair als Ausgleich für die Flugreisen seiner Kunden. Eine nette Idee, die aber nicht ganz stimmig ist. Denn wie will man die eingesparte Menge an Treibhausgasen berechnen?

Ein Beispiel: Laut Jahresbericht 2006 unterstützte Atmosfair den Bau zweier Wasserkraftwerke in Honduras. Bis dato waren in der ländlichen Region Stromausfälle an der Tagesordnung, viele Dörfer zudem gar nicht versorgt. Durch die Wasserkraftwerke änderte sich dies grundlegend. Das Stromnetz wurde zuverlässiger, zudem konnten neue Dörfer erstmalig an das Stromnetz angeschlossen werden. Klingt doch gut, oder? Ich freue mich für die Honduraner, die nun zum ersten Mal in ihrem Leben eine vernünftige Stromversorgung haben. Genau das aber ist der Knackpunkt. Der Stromverbrauch der Landbevölkerung mag weitestgehend CO_2-neutral sein, aber er fällt in jedem Falle zusätzlich an. Auch die bisher schon an das Stromnetz angeschlossenen Haushalte werden künftig mehr Elektrogeräte betreiben, da Stromausfälle nun der Vergangenheit angehören. Besonders energieintensive Kühlgeräte werden so erst sinnvoll. Wir müssen gedanklich den Anspruch der Landbevölkerung auf Stromversorgung (ist vorhanden) sauber trennen von einer exakten Rechnung zur Einsparung von Kohlendioxid (ist kaum vorstellbar). Denn der Kunde in Europa bezahlt ja für die Einsparung des durch seinen Flug produzierten Abgases an anderer Stelle. Installiert werden aber faktisch zusätzliche Stromverbraucher. Zudem wurde ein vorher natürlich fließender Fluss durch eine Staumauer mit Turbine ökologisch abgewertet, da die Mauer eine Barriere für viele Wassertiere darstellt, vom unmittelbaren Eingriff einmal ganz abgesehen.

Eine andere Methode, Zertifikate zum Ausgleich von entlassenem Kohlendioxid zu verkaufen, ist die Anpflanzung von Wald. Damit wären wir dann auch wieder beim ewigen Kreislauf und bei den ersten Kapiteln dieses Buches angekommen. Die Vorstellung hat etwas besonders Beruhigendes: Man kann munter und ohne Sorgen über zu hohen Treibstoffverbrauch Auto fahren, in Urlaub fliegen oder energieintensiven Hobbys frönen; sobald man bezahlt, wächst dafür an anderer Stelle Wald. Je mehr man verbraucht, desto grüner wird unser Planet also. Ist doch prima oder? Das ideale Beruhigungsmittel für etwaiges schlechtes Gewissen.

Der Verein „Prima Klima weltweit“ verfolgt einen derartigen Weg. Er lässt Wald in der ganzen Welt, beispielsweise im Kongo, pflanzen. Sinn macht das nur, wenn der Wald anschließend nicht kommerziell genutzt wird, denn ansonsten wird eines nicht allzu fernen

Tages die ganze Pracht wieder abgehackt oder brandgerodet. Wenn man bedenkt, dass aktuell im Kongo die Waldfläche durch Abholzungen ständig sinkt, kann sogar sicher von einer künftigen Nutzung dieser willkommenen Rohstoffquelle ausgegangen werden. In der Folge würde dann natürlich auch das ganze Kohlendioxid wieder freigesetzt.

Und noch ein weiteres Problem gibt es zu vermelden. Junge Wälder geben nach der Pflanzung zunächst mehr Kohlendioxid ab, als sie aufnehmen. Erst im Alter zwischen 30 und 60 Jahren werden sie zu einer Art CO_2-Staubsauger. Der europäische Forschungsverbund „CarboEurope-Cluster" empfiehlt statt der Pflanzung den Erhalt alter, natürlicher Wälder, da diese deutlich mehr Kohlendioxid aufnehmen als Baumplantagen. Zugleich wäre dies auch in Bezug auf die Erhaltung der Artenvielfalt die günstigere Lösung. Solche Schutzgebiete einzurichten ist allerdings deutlich aufwendiger, als brachliegende Flächen für eine Aufforstung zu requirieren. Die Pflanzung von Bäumen hat auch einen hohen symbolischen Wert. Da das Holz dieser Setzlinge oft erst 100 Jahre später nutzbar ist, gelten derartige Aktionen als Inbegriff der Sorge um künftige Generationen. Unter Marketingaspekten ist die Neuanlage von Wäldern also unschlagbar.

Wie auch immer, Käufern solcher Zertifikate wird jetzt das Gefühl gegeben, künftig unbesorgt jede Menge Energie verbrauchen zu können. Der Ausgleich für diese Aktivitäten findet zwar weit weg in irgendeinem Entwicklungsland statt, aber das spielt ja, global gesehen, keine Rolle. Nur wo sollte die dortige Bevölkerung ihren Energieverbrauch ökologisch veredeln lassen? Etwa bei uns? Das wäre schon merkwürdig, wenn etwa der Kongo für die Flugreisen seiner Elite Fichtenplantagen vor den Toren von Köln, Wien oder Washington anlegen lassen würde. Ich bin mir ziemlich sicher, dass der Handel mit derartigen Zertifikaten dann ganz schnell abgeschafft würde.

Die einseitige Ausrichtung solcher Aktionen von Nord nach Süd, von den Industriestaaten hin zu den Entwicklungsländern, wird mittlerweile sogar von den Vereinten Nationen indirekt gefördert. Im Mai 2008 fand in Bonn die „9. UNO-Vertragsstaatenkonferenz des Übereinkommens zur biologischen Vielfalt (CBD)“ statt. Neben dem Artenschutz wurden auch Maßnahmen zur Begrenzung der Klimaveränderung besprochen. Heiß diskutiert und begrüßt wurden Vorschläge, artenreiche Ökosysteme finanziell zu bewerten, um deutlich zu machen, dass das im Naturzustand erhaltene Gebiet wertvoller ist, als das abgeholzte. Auch an ein weiteres Zertifikat-System wurde gedacht: So sollen zum Beispiel die luftverschmutzenden Industrien einen sogenannten „Waldschein“ erwerben können, der einen Anteil an einem bestehenden Regenwaldstück repräsentiert. Der Verkaufswert fließt an den Waldbesitzer, also etwa eine Regionalregierung im Amazonasgebiet, die das entsprechende Stück vor Nutzung bewahrt und im Urzustand erhält. Das auf diese Weise in den Bäumen gebundene Kohlendioxid dient dann als Ausgleich für den CO_2-Ausstoß der Fabrik. Doch wie kann der Wert eines solchen Waldscheines bemessen werden? Ein artenreicher, uralter Tropenwald müsste höher taxiert sein, als eine intensiv genutzte, ökologisch minderwertige Nadelholzplantage, so weit, so gut. Und da nur alte Wälder mit ausgewachsenen Bäumen in der Lage sind, ihre Funktion als Kohlendioxidspeicher vollständig wahrzunehmen, ist es auch richtig, sie bevorzugt vor Abholzung zu schützen, statt Geld in Waldplantagen fließen zu lassen, die der kommerziellen Holznutzung dienen, und die, bevor sie nennenswert CO_2 gebunden haben, wieder gefällt werden. Doch bleiben Fragen offen: Wer beziffert den Wert des Waldes? Was genau erwirbt man mit dem „Waldschein“, ein Besitz- oder ein Verschmutzungsrecht? Und wie soll der Handel organisiert werden?
Überlässt man die finanzielle Bewertung dem aktuellen Eigentümer, so kann schnell ein Unterbietungskampf entstehen. „Mein

Wald ist artenreicher, aber billiger als Dein Wald!", nach diesem Motto könnte manch regenwaldbesitzender Staat versucht sein, den lukrativen Finanzstrom in seine Richtung zu lenken. Die Folge: Das System würde von Anfang an ad absurdum geführt, denn der Wald bliebe ja auf Dauer nur intakt, wenn mindestens genau so viel Geld fließt, wie ansonsten mit dem Holzeinschlag oder der Umwandlung in Ackerfläche zu verdienen wäre.
Eine andere Möglichkeit wäre die Errichtung einer „Weltwald-" oder gar „Artenagentur", auf die sich alle, oder zumindest ein Großteil der Staaten, einigen müssten. Diese nähme dann die monetäre Bewertung der Gebiete vor. Auch hier sind Schwierigkeiten und Streit vorprogrammiert, und das nicht nur der unterschiedlichen Interessenlagen wegen. Man geht ja davon aus, dass viele Arten noch gar nicht entdeckt sind. Wie will man etwas taxieren, was nur *vermutlich* existiert? Und wie soll der Wert einer einzelnen, bekannten Art geschätzt werden? Sind Berggorillas mehr wert als eine seltene Käferart, von der nur noch 100 Exemplare existieren? Und gelten die einmal festgelegten Zahlungen nur für bestimmte Zeit? Erhöht sich nach Errichtung des Schutzgebietes der Artenbestand wieder, hieße es womöglich, Ausgleichzahlungen zwischen den Akteuren vorzunehmen, da die „Neubewohner" ja aus den benachbarten, besser gehegten Gebieten wieder einwanderten und das stillgelegte Gebiet im Nachhinein wertvoller machten.
In Anbetracht der Tatsache, dass es noch nicht einmal einen vollständigen Artenkatalog gibt, fällt es mir sehr schwer, auch nur an die Möglichkeit einer fairen und neutralen Umsetzung einer solchen Agentur zu glauben.
Aber selbst wenn dies gelingen sollte, wären weitere Absurditäten zu erwarten. Angenommen, ich besitze ein Kohlekraft und werde künftig verpflichtet, an der „Waldbörse" einzukaufen. Übernehme ich als verschmutzender Industrieller mit dem Waldschein gleich den ganzen Wald, bin ich – zumindest kurzfristig – fein raus. Zwar

werde ich zum Erwerb gezwungen, denn das Ganze ist ja als überstaatliche Maßnahme zum Ausgleich von CO_2-Ausstoß gedacht, aber ich kann davon ausgehen, dass ich einen im Wert steigenden Anteilsschein besitze. Denn die Wirtschaft der über sechs Milliarden umfassenden Weltbevölkerung hört ja nicht auf zu wachsen. Und der ehemalige Regenwaldbesitzer, an den ich eine – einmalige – Zahlung geleistet habe, hat, um seine Bevölkerung zu beschäftigen, inzwischen selbst Industrie aufgebaut, ist nun also ebenfalls in der Situation, einen Waldschein erwerben zu müssen. Also verkaufe ich ihm seinen Wald für ein mittlerweile Mehrfaches zurück und leiste mir dafür einen großen Happen „billigen", weil artenarmen europäischen Waldes. Derartige Forste, durch jahrzehntelange Nutzung fast durchweg ökologisch geringwertiger als die Urwälder des Südens, müssten nämlich als deutlich „preiswerter" eingestuft werden.

Sinnvollerweise dürfte der Waldschein demnach für jede Parzelle nur einmal verkauft werden. Angerechnet würde die Menge Kohlendioxid, die ein Stück Regenwald in Form von Holz und Humus gespeichert hat, etwa 1000 Tonnen je Hektar. Würde dieser Wald abgeholzt und verbrannt, entwiche genau diese Menge in die Atmosphäre, würde er geschützt, so bliebe das Gas weiterhin in ihm gebunden. Würde ich als gedachter Kraftwerksbesitzer beispielsweise 1000 Tonnen Kohlendioxid pro Jahr in die Atmosphäre blasen, müsste ich dann jährlich einen Hektar Regenwald kaufen, um dies zu kompensieren. Streng genommen würden die Waldscheine zwar nur verhindern, dass zu den Industrieabgasen auch noch solche aus Brandrodung hinzukommen, aber allein das wäre schon ein gewaltiger Fortschritt. Mit Abschluss dieses Geschäfts wäre das betreffende Waldstück in Bezug auf die Ausgabe solcher Zertifikate aus dem Rennen, und im Laufe der Jahre würde sich das weltweite Angebot handelbarer Waldscheine stetig verknappen. Wie mag man in dieser Hinsicht die unterschiedliche Ausgangslage der Industrienationen und der Schwellen- und Entwicklungsländer bewerten? Sollen Schmutzschleudern in Asien oder Afrika, weil das allgemeine Wirtschaftsniveau noch so niedrig ist und Aufholbedarf besteht, mit einem Bonus versehen werden? Schließlich kann man von Ländern dieser Region nicht erwarten, je ihre Bevölkerung mit ausreichend Nahrung und Arbeit versorgen zu können, wenn sie sofort die gleichen Auflagen erfüllen müssen, wie industriell hoch entwickelte, westliche Nationen. Oder hätte man tatsächlich unverzüglich und global den gleichen Preismaßstab anzulegen? Argumentiert man streng am Umweltschutz entlang, müsste man dies allerdings. Denn die ausgestoßene Tonne CO_2 ist ja gleich klimawirksam, egal ob sie aus Burkina Faso, aus Boston oder aus Bottrop stammt.

Sollte man gar auf eine Progression im System setzen und Preisaufschläge einführen? Nach dem Motto: Je entwickelter der Staat, desto teurer der Rechteerwerb, analog dem deutschen Steuersystem, in dem der Besserverdienende einen höheren Prozentsatz an Steuern bezahlt als der Geringverdiener? Unter Gerechtigkeitsaspekten hätte das sicher seinen Charme, denn es erleichterte den Aufholprozess der Schwellenländer. Zudem könnte argumentiert werden, dass die Erste Welt über mehr Möglichkeiten verfügt, ihren Schadstoffausstoß zu mindern und neue, energiearme Technologien zu entwickeln. Vielleicht könnte der zusätzliche Druck auf Industrienationen sogar manchen Technologiesprung beschleunigen. Doch auch hier findet sich ein Bewertungsproblem, dass nicht zu umgehen ist: Wem gehört die Fabrik? Ist der Luftverpester ein Produkt „Made in Entwicklungsland“ oder die Niederlassung eines europäischen Herstellers? Welche Industrienation findet sich unter dem Stichwort „Arbeitsplätze“ mit einem solch freiwillig eingegangenen „Nachteil“ im Globalisierungsprozess ab? Sind doch schon die bestehenden Umweltschutzbedingungen für viele Unternehmen Grund genug, ihre Standorte in weniger restiktive Regionen zu verlegen.

Die Einbeziehung all dieser Aspekte lässt demnach mehr an ein Vorhaben wie aus einer Orwellschen Welt denken, denn an ein einfach und treffsicher zu steuerndes Instrument zum Klima-, Umwelt- und Artenschutz.

Außerdem legt die derzeitige Argumentationsrichtung den Gedanken an einen neuen „Biokolonialismus" nahe. Denn nur zu oft mutet die Diskussion wie ein Reich-zu-Arm-, bzw. ein Nord-Süd-Dialog an. Um glaubwürdig zu bleiben, müssten die Industriestaaten nämlich ihre Waldgebiete genau so in das schützenswerte Angebot einbeziehen und zulassen, dass wenigstens einige Prozent der Waldfläche unter Totalschutz gestellt und wieder in den Urzustand zurückgeführt würden. Und diese Fläche müsste dann ebenfalls in den „Waldschein"-Handel mit einbezogen werden, wie es von den Regenwäldern der südlichen Halbkugel als Selbstverständlichkeit erwartet wird. Mir klingen schon künftige Aufschreie der Empörung in den Ohren, falls sich indische Stahlmogule eines Tages erdreisten sollten, den Bayerischen Wald per Klimazertifikat stillzulegen, um ihre Luftverschmutzung am Ganges auszugleichen. Da ist es doch viel einfacher, den eigenen Baumbestand weiter rücksichtslos auszubeuten und stattdessen das eigene Gewissen mit großzügigen Zahlungen an Entwicklungsländer zu beruhigen. Dass man damit die Bewohner ärmerer Länder zu Statisten vor geschützter Baumkulisse macht, scheint nicht weiter aufzufallen. Und deren Empörungsschreie dringen nicht bis in unsere Wohlstandsgesellschaft vor.

Langfristig gesehen kann man es ohnehin drehen und wenden wie man will: Die Weltbevölkerung wächst, und mit ihr die Wirtschaft und der Ausstoß von Kohlendioxid. Parallel dazu wird die Waldfläche schrumpfen. Doch selbst beim Erhalt der gegenwärtigen Wälder könnten diese unmöglich den ungebremsten Anstieg der Treibhausgase aufhalten, dafür hat die gegenwärtige Verbrennung fossiler Rohstoffe einfach zu große Ausmaße angenommen. Ein funktionierender Rechtehandel könnte die Situation lediglich etwas mildern, aber solange unser Wohlstand auf Energieverbrauch und damit Freisetzung von CO_2 beruht, kann sogar der Einsatz von Bioenergie auf lange Sicht keine Lösung bieten, denn das selbe Waldstück kann ja nur eines auf einmal sein: *entweder* Kohlendioxid-Speicher *oder* Bioenergielieferant.

Alles Bio, alles super?

Wir sollten einmal einen Moment innehalten und über den Begriff „Bioenergie“ nachdenken. Er ist grundsätzlich positiv besetzt, was der Silbe „Bio“ zu verdanken ist. Bio-Lebensmittel, Bio-Landwirtschaft, Bio-Textilien, alle diese Begriffe assoziieren umweltverträglich produzierte, schadstoffarme Produkte. Das mag auch so sein, dennoch wollen wir den Begriff ein wenig näher beleuchten. Zunächst ist Biologie nichts anderes als die Lehre von allem Lebendigen; biologisch kann demnach nur etwas sein, was sich auf Lebewesen oder ihre Bestandteile bezieht. Bei Produkten vorangestellt steht die Silbe „Bio“ synonym für die Einhaltung besonders hoher ökologischer Standards, alles andere würde auch keinen Sinn machen. Lebensmittel werden schließlich aus Lebewesen hergestellt, das braucht nicht besonders hervorgehoben zu werden. Das ist aber nicht in allen Fällen so klar, und zu einer der Ausnahmen gehört das Wort „Bioenergie“. Eine Ausnahme ist der Begriff nicht etwa deshalb, weil diese Energie umweltschädlich sein könnte, nein, er soll schlicht und einfach ausdrücken, dass es sich um Energiegewinnung aus Lebewesen handelt. Wird er genannt, weiß sofort jeder, dass es sich um Holz, Gras, Getreide oder Rüben zur Strom- und Wärmeerzeugung handelt. Nicht mehr und nicht weniger. Das ist das Dilemma, denn wir sind mittlerweile so geprägt, dass, fällt die Silbe „Bio“ in irgendeinem Zusammenhang, sofort die

Schublade „ökologisch korrekt“ aufgeht. Und das stimmt in Zusammenhang mit Energie, wie Sie bisher erfahren haben, eher selten. Die Folge: Dermaßen durchs Raster unserer Wahrnehmung gefallene Produkte und Zusammenhänge werden nicht mehr so kritisch hinterfragt. Der Begriff Bioenergie ist grundsätzlich nicht stimmig. Er müsste streng genommen auch für Öl, Gas und Kohle gelten. Denn schließlich stammen diese Energieträger ebenfalls von Pflanzen und Tieren, die nur schon ein bisschen länger tot sind als die Bäume, die unsere Öfen befeuern. Öl, Kohle und Gas stellen nichts anderes dar als von Lebewesen eingefangene, konservierte Sonnenstrahlen längst vergangener Epochen. Natürlich sehe ich ein, dass es die aktuellen Probleme kaschieren würde und zugleich ein wenig skurril erschiene, wenn wir auch die fossilen Rohstoffe als Bioenergie bezeichneten. Aber ist es nicht ebenso merkwürdig, Palmöl, welches auf dem Boden gerodeter Regenwälder erzeugt wurde, mit diesem Begriff zu versehen?

Als ich mit meiner Tochter über das Thema „Feinstaub“ im Zusammenhang mit Holzverfeuerung sprach und ihr sagte, dass Brennholz gar nicht so unproblematisch sei, sagte sie entrüstet: „Aber Papa, Du schreibst ja gegen Bioenergie!“. Das hat mich ein wenig getroffen. Doch tatsächlich bin ich im Laufe der Recherche für dieses Buch sehr nachdenklich geworden und sehe den Einsatz von Holz und Co mittlerweile deutlich anders als zu Beginn der Schreibarbeiten. Beim Thema „Bioenergie“ herrscht momentan eine alle Zweifel hinwegfegende Euphorie. Das ist auch nur allzu menschlich. Tägliche Berichte über Umweltzerstörungen, Bevölkerungsexplosion und den Klimawandel lassen uns in düsteren Szenarien an die Zukunft denken. Ein Heilsbringer in Form von nachwachsenden Rohstoffen, der die Energieprobleme und den Klimawandel in einem Aufwasch beseitigen würde, käme da gerade recht. Bioenergie kann dieser Rolle jedoch nicht gerecht werden, denn die derzeitigen landwirtschaftlichen Flächen werden in Zukunft Mühe haben, die weiter wachsende Weltbevölkerung zu ernähren. Jede Parzelle, die für die Produktion erneuerbarer Rohstoffe zur Energiegewinnung abgezweigt wird, muss anderswo wieder hinzugewonnen werden und geht so zwangsläufig zulasten von Naturgebieten. Deren Urbarmachung wiederum schafft mehr Probleme, als die auf ihr produzierte Pflanzenenergie aus der Welt schaffen kann: Den Verlust der letzten natürlichen Lebensräume einschließlich der dort vorkommenden Arten sowie die durch Brandrodung, aber auch durch Düngemitteleinsatz hervorgerufene Ausgasung von Kohlendioxid und Lachgas. Auch die stetige Entnahme von Holz aus unseren mitteleuropäischen Wäldern ist nicht wirklich nachhaltig möglich, wie Sie im Verlaufe unserer gemeinsamen Reise durch die Welt der Bioenergie erfahren haben.

Schutz und/oder Nutzung?

Wenn wir uns vor Augen halten, welch gewaltige Holzmassen in den verbliebenen Urwäldern weltweit noch ungenutzt herumstehen, stellt sich die bange Frage, ob es angesichts des Energiehungers der Erdbevölkerung überhaupt noch Hoffnung für den Erhalt dieses Naturerbes gibt. Ein Schutz aller Urwälder ist utopisch, solche Forderungen beschleunigen möglicherweise nur ihren Niedergang. Abgesehen von Einnahmen aus dem Tourismus, der nur einen Bruchteil der Regenwälder erreichen könnte, sind Schutzgebiete für die einheimische Bevölkerung wirtschaftlich häufig wertlos. Es ist zudem moralisch fragwürdig, wenn westliche Industrieländer, deren Waldgebiete überwiegend aus Plantagen bestehen, ärmeren Ländern die Holznutzung aus deren noch großen Naturwäldern komplett untersagen möchten. Nur wenn die schonende Bewirtschaftung mit Schutzmaßnahmen Hand in Hand geht, können Wälder großflächig erhalten werden, und allein damit gewinnen wir die Chance, einen Großteil der Arten mit auf unserem Weg in die Zukunft zu nehmen. Die zentrale Frage ist, ob man eine Nutzung derart steuern kann, dass der natürliche Kreislauf und die biologische Vielfalt nicht gefährdet werden, denn dann wäre der Nutzen aus diesen Wäldern womöglich höher als der Wert der abgeholzten Flächen als Ackerland oder Eukalyptuspflanzungen. Qualitätshölzer lassen sich in Plantagen kaum gewinnen, sodass zumindest für das Segment der Möbelindustrie Urwaldholz interessant bliebe. Die örtliche Bevölkerung und die Besitzer würden den Wald dann alleine schon seiner wirtschaftlichen Funktionen wegen vor Brandrodung und illegalem Holzeinschlag schützen.

Auf diese Fragestellung gibt es erst in Ansätzen Antworten, die aber positiv klingen. Umweltschützer, Gewerkschaften und die Holzindustrie gründeten 1993 den FSC („Forest Stewardship Council", frei übersetzt „Weltforstrat"). Viele holzverarbeitende Unternehmen wollten nicht länger am Pranger der Verbraucher stehen und als Profiteuere der Regenwaldvernichtung gelten. Glaubwürdig wurde der FSC aber erst durch den Beitritt von Verbänden wie Greenpeace, WWF oder Robin Wood. Das von dieser Organisation vergebene Ökosiegel für umweltschonende Waldbewirtschaftung gilt als weltweit strengstes Zertifikat. Urwaldflächen in Bolivien beispielsweise, die nach diesen Kriterien bewirtschaftet werden, sehen nach Angaben von Umweltschützern schon nach wenigen Jahren wieder wie Urwald aus. Wo im brutalen Raubbau Planierraupen den halben Wald niederwalzen, um an einen einzelnen Stamm zu kommen, werden bei geregelter Bewirtschaftung kleine Maschinenwege angelegt, von denen aus einzelne Stämme mittels Seilwinde aus dem Wald gezogen werden. Der übrige Baumbestand bleibt so weitestgehend erhalten. 20 Jahre lang herrscht dann wieder Ruhe, bevor das nächste Mal Waldarbeiter anrücken. Besonders wertvolle Waldstücke werden unter Totalschutz gestellt. Von diesen Reservaten aus kann sich der übrige Wald immer wieder regenerieren, indem störungsempfindliche Arten, die durch die Holznutzung verschwinden, nach Abschluss der Erntemaßnahmen wieder einwandern. Baumstumpf und Baumstamm werden bei der Fällung nummeriert, sodass Kontrolleure jederzeit zweifelsfrei feststellen können, woher das verkaufte Holz kommt und wie der Wald behandelt wurde. Gewiss, einen echten Urwald hat man in den so genutzten Gebieten nicht mehr. Die meisten Tier- und Pflanzenarten können jedoch überleben. Und die Alternative wäre die völlige Abholzung des Waldes. Wie regenerationsfähig die Urwälder sind, kann man in Mittelamerika bewundern. Dort holzten einst indianische Hochkulturen wie die Mayas ganze Landstriche ab, um große Städte zu bauen. Diese sind, zum Teil bis heute, wieder unter einer dichten Decke tropischen Regenwaldes verschwunden. Viele Forscher vermuten, dass große Teile des von uns für Urwald gehaltenen Waldes in Wirklichkeit nur Sekundärwald ist, Wald, der nach dem Rückzug des Menschen die alten Siedlungsflächen wieder zurückeroberte. Mit diesen Fähigkeiten tropischer Ökosysteme vor Augen sollte eine schonende, kontrollierte Nutzung akzeptabel sein.

Wie sieht es mit anderen Gegenden der Welt aus? Kanada als zweitgrößtes Land der Erde trägt mit seinen riesigen Wäldern eine ähnlich große Verantwortung wie Brasilien. Auf Druck von Umweltverbänden und ortsansässigen Indianergruppen findet ein langsames Umdenken statt. So ist mittlerweile über ein Drittel der Waldfläche mit einem Ökosiegel ausgestattet, davon allerdings nur 16 Prozent mit dem FSC-Zertifikat.

Der FSC wendet seine Kriterien nicht nur im Dschungel, sondern auch in den nördlichen Nadelwäldern erfolgreich an. Rücksichtsvolle Nutzung, kombiniert mit dem Schutz besonders artenreicher Altwälder, ist allemal besser als verödete Freiflächen, die nach der Entfernung aller Bäume wie verbrannte Erde zurückbleiben. Aber auch mit den ökologischen Unbedenklichkeitsbescheinigungen des FSC kommt es in Kanada noch zu Kahlschlägen bis zu 100 Quadratkilometer Größe. Das ist sicher nicht im Sinne der Verbraucher, die mit dem Kauf derartig gekennzeichneter Produkte intakte Wälder verbinden. Immerhin bewirken die Vereinbarungen, dass der Anteil der Schutzgebiete deutlich steigt. So verbesserungswürdig die Kriterien für die Vergabe von derartigen Ökosiegeln auch sein mögen, steht doch Kanada mit der Fläche derartig kontrollierter Forstbetriebe weltweit auf Platz Nummer eins.

In Russland hat eine vergleichbare Entwicklung für die riesigen Waldgebiete Sibiriens eingesetzt. Denn in den vergangenen Jahren zeigte sich, dass Produkte ohne den glaubwürdigen Nachweis, nicht aus Raubbau zu stammen, immer schwerer zu verkaufen sind. So werden auch im größten Flächenstaat der Erde immer mehr Waldgebiete schonender bewirtschaftet und teilweise ganz unter Schutz gestellt. Letztendlich entscheiden die Verbraucher, also Sie und ich, welche Rücksicht Forstbetriebe bei der Holzernte auf die Umwelt nehmen. Auch im vor Waldschutzgesetzen nur so strotzenden Mitteleuropa sind Zertifikate à la FSC bitter notwendig, denn die in den vorherigen Kapiteln beschriebenen Entwicklungen können offensichtlich trotz oder sogar wegen der vielen gesetzlichen Regelungen (und den möglichen Ausnahmen) nicht verhindert werden. Erst wenn den Bewirtschaftern, oft genug staatlichen Forstverwaltungen, unabhängige Gremien auf die Finger schauen, können Wälder durch schonende Nutzung in ihrer Funktion als Lebensraum gefährdeter Arten erhalten bleiben. Um es noch einmal ganz deutlich herauszustellen: Schutz der Wälder durch Nutzung von Holz gelingt nur dann, wenn eine effektive Kontrolle gewährleistet, dass Verstöße den Verlust des Vertrauens der Verbraucher und damit der Wettbewerbsfähigkeit nach sich ziehen. Noch versuchen sich etliche Hersteller aus dieser Zwickmühle herauszumogeln, denn holzverarbeitende Betriebe sind erfinderisch, wenn es um die Gunst der Käufer geht. Scheinsiegel, mit grünen Bäumen als Logo, die versprechen, dass das Holz für Frühstücksbrettchen oder Gartenmöbel garantiert nur aus Plantagenholz stammt, besagen leider gar nichts. Möglicherweise ist zwar tatsächlich kein Urwaldriese für derartig beworbene Ware zersägt worden. Geschützt wird die grüne Lunge der Erde dennoch nicht, weil die Plantagen häufig auf eigens dafür gerodeter Urwaldfläche stehen. Das Fazit kann nur lauten: Wenn Schutz durch Nutzung funktionieren soll, sind Sie als Verbraucher am entscheidenden Hebel. Legen Sie ihn in Richtung glaubhafter Ökosiegel um, so werden Ihnen die Waldbewirtschafter der Welt zwangsläufig folgen.

Negawatt

Als Verbraucher haben Sie bei Ihren Aktivitäten aber ein noch wirksameres Mittel zur Hand, die Umwelt zu schützen: Die Reduzierung des Verbrauchs! Wann immer Sie den Stecker ziehen oder beim Einkauf auf verbrauchsarme Geräte mit langer Lebensdauer drängen, auf sparsame Kraftfahrzeuge achten oder den Ausbau des öffentlichen Transportwesens unterstützen, Sie sind in der entscheidenden Position. Denn mit das wichtigste, aber oft vergessene Potenzial stellt die Energieeinsparung dar.
Auf den amerikanischen Forscher Amory Lovins geht der Begriff „Negawatt“ zurück, der im Gegensatz zur Verbrauchseinheit „Megawatt“ eingesparte Energie bezeichnet. Und so ein Negawatt ist tatsächlich billiger zu haben als ein Megawatt Energie aus erneuerbaren Quellen. Zudem verbrauchen Energiesparmaßnahmen keine weitere Landschaft und gefährden nicht die Natur. Der große Nachteil: Man sieht kaum etwas von ihnen. Vor großen Biomasse-Kraftwerken können sich lokale Würdenträger pressewirksam in Szene setzen, nicht aber vor tausenden von Energiesparlampen in

privaten Haushalten. Gerade hier lässt sich aber besonders wirkungsvoll ansetzen. So gehen etwa vom privaten Stromverbrauch allein 16 Prozent durch überflüssigen Standby-Betrieb von Elektrogeräten verloren, weil etliche keinen Ausschalter mehr besitzen. Eine vom deutschen Umweltbundesamt geförderte und 2008 veröffentlichte Studie kommt zu dem Schluss, dass in den nächsten 20 Jahren eine Energieeinsparung von 25 Prozent möglich wäre. Diese 25 Prozent entsprechen 3770 Petajoule oder viel griffiger 400 Millionen Kubikmeter Holz. Damit könnte jährlich mehr Energie eingespart werden, als im gleichen Zeitraum an Holz in den Wäldern der gesamten Europäischen Union nachwächst. Sie sehen: Der Beitrag von Bioenergie kann im Vergleich zu anderen möglichen Maßnahmen nur als bescheiden gelten. Und die Fokussierung auf die pflanzlichen Hoffnungsträger lenkt davon ab, dass es viel wichtiger ist, den derzeitigen Rohstoffverbrauch insgesamt zu reduzieren.

Unsere Umwelt besteht nicht nur aus dem Klima. Wenn die derzeitigen Ziele zur Begrenzung des globalen Temperaturanstieges dazu führen, dass aufgrund der Priorität eines einzigen Aspektes das ganze Ökosystem gefährdet wird, sollte die Politik den eingeschlagenen Weg dringend überdenken. Ein „Weiter so“ unseres energieintensiven Lebensstils, für den lediglich die Art des Brennstoffs gewechselt wird, entpuppt sich immer mehr als Irrweg.

Der grüne Traum ist ausgeträumt, das Perpetuum mobile noch nicht in Sicht. Um es auf den Punkt zu bringen: Mit einem uneingeschränkten Ausbau der Bioenergie veröden wir unseren Planeten und erhalten dafür einen Energieträger, der weder unsere Hoffnungen auf ein Ende des Klimawandels noch die Energieversorgung auf dem bisherigen Niveau erfüllen kann. Das grüne Gold kann vielleicht den Energie-Mix der Zukunft ergänzen. Problematisch ist ja auch nicht das bisherige Heizen mit Holz, sondern die Schaffung und Befriedigung einer zusätzlichen, starken Nachfrage. Allenfalls bisher ungenutzte Reststoffe, wie beispielsweise Stroh oder Abfälle sind ohne zusätzliche Nachteile für die Umwelt für diesen gesteigerten Bedarf nutzbar. Bei sich verknappenden Ölvorräten kann Energie aus Pflanzen helfen, Zeit für einen bevorstehenden Übergangszeitraum zu schaffen, während wir uns unter Energieversorgungsaspekten neu orientieren müssen. Bioenergie ist also kein Ausweg aus einer Krise, sondern kann lediglich einen Puffer, eine kleine Atempause auf dem Weg zu anderen Technologien darstellen.

Erst mit dieser Erkenntnis kann man den Hebel herumlegen und die Weichen auf ein anderes Gleis einstellen. Neue Techniken im Bereich von Solar-, Wind- oder Wasserkraft und die Entwicklung innovativer, verbrauchsarmer Technologien sind Ziele, für die wir unser Geld und unsere kostbare Zeit verstärkt investieren sollten. So muss auch weiter im Bereich der Kernenergie geforscht werden. Ich persönlich lehne diese Art von Stromerzeugung ab. Vor die Wahl gestellt, den Haushaltsstrom von Kraftwerken auf Palmölbasis oder Kernenergie zu beziehen, käme ich allerdings ins Wanken. Denn die Ausrottung von Regenwaldarten ist in ihren Auswirkungen mindestens ebenso schwer zu kalkulieren wie das ungelöste Problem der Endlagerung radioaktiver Stoffe.

Auch sollten wir, trotz aller Gewitterwolken am Horizont, ein bisschen mehr Vertrauen in unsere eigenen Fähigkeiten haben. Schauen Sie auf den technischen Fortschritt der vergangenen 50 Jahre. Gibt es einen Grund anzunehmen, der Erfindergeist der Menschheit würde plötzlich verlöschen? Etwas mehr Gelassenheit anstelle von überhasteten politischen Programmen zur Rettung der Welt wäre momentan hilfreich. So könnten Umweltfolgen vermieden werden, die durch unüberlegtes Handeln entstehen und die möglicherweise schlimmer sind als das, was abgewendet werden sollte. Wichtig ist die Erkenntnis, dass es nicht möglich ist, einen Lebensstandard wie den unseren, mit der heutigen Technik, durch den bloßen Ersatz fossiler Energieträger durch nachwachsende Rohstoffe zu halten. Wenn wir uns das vor Augen führen, wird unser Forscherdrang hoffentlich in die richtige Richtung gelenkt.

Und nun? Ich selbst heize weiterhin mit Pellets, auch wenn ich während der Recherchearbeiten für dieses Buch viel mehr lieb gewonnene Vorstellungen über Bord werfen musste, als ich anfangs dachte. Da ich viele Jahre lang sehr optimistisch in Bezug auf Biotreibstoffe und Holzpellets eingestellt war, ist mir dies mitunter nicht leicht gefallen, aber ich habe eine wichtige Erfahrung gemacht: Es lohnt sich, vorgefasste Meinungen zu hinterfragen, um aus Irrtümern zu lernen und Fehlentwicklungen zu korrigieren. Ich hoffe, dieses Buch konnte auch Ihnen helfen, etwas mehr Wald vor lauter Bäumen zu sehen. Vielleicht stimmen Sie mir ja zu: Gedankliche Tabus sollte es bei der Suche nach Alternativen jedenfalls nicht geben. Wenn wir rasch zu ausgewogenen Lösungen kommen wollen, müssen die verschiedenen Möglichkeiten frei von Dogmen und Ideologien diskutiert und mit all ihren Chancen und Risiken gegeneinander abgewogen werden.

Mit den besten Wünschen für eine wald- und artenreiche Zukunft
Ihr
Peter Wohlleben

Nachschrift

An dieser Stelle möchte ich vor allem meiner Frau Miriam danken. Nicht nur für das Lesen der x-ten Fassung dieses Manuskripts und die Verbesserung unverständlicher Passagen, sondern vor allem für die vielen Gespräche während der Recherchearbeiten, als ich mich in einem schmerzlichen Prozess von manch einem meiner eigenen „Bioträume" verabschieden musste.
Auch meinen Kindern Carina und Tobias möchte ich für ihre unvoreingenommenen und auch oft kritischen Fragen danken, die mir geholfen haben, vieles aus einer neuen und frischen Perspektive zu sehen.
Danke auch an meine Verlegerin, deren Vorschlag, doch ein Buch zum Thema „Bioenergie" zu schreiben, diese intensive Auseinandersetzung mit einem der Schlüsselthemen unserer Zukunft ausgelöst hat.

Anmerkungen

1 Umweltbundesamt (2006): *Hintergrundpapier: Die Nebenwirkungen der Behaglichkeit: Feinstaub aus Kamin und Holzofen,* 9. März 2006, Dessau, S. 2

2 Dr. habil. Lahl, Uwe (2006): *Hintergrundpapier des Bundesministeriums für Umwelt, Naturschutz und Reaktorsicherheit zum Vortrag: „Feinstaubemissionen aus der Biomasseverbrennung in Kleinfeuerungsanlagen“* auf der Veranstaltung „Initiative individuelles Heizen“ am 25.01.2006 in Berlin, S. 15

3 Hirvonen, Maija-Riitta et al., 2008: *In-vitro Inflammatory and Cytotoxic Effects of Size-Segregated Particulate Samples Collected from Flue Gas of Normal and Poor Wood Combustion in Masonry Heater,* in: *Tagungsband zur Mitteleuopäischen Biomassekonferenz,* 16.–19. Januar 2008, Graz, Österreich

4 PEFC (2005): *2. Regionaler Waldbericht Rheinland-Pfalz,* PEFC-Arbeitsgruppe Rheinland-Pfalz, November 2005, S. 270

5 Der Waldbesitzer (2007): *Waldsicherheitstag in Kusel,* in: Der Waldbesitzer 4/2007, S. 5

6 Bundesministerium für Verbraucherschutz, Ernährung und Landwirtschaft (2004): *Die zweite Bundeswaldinventur – BWI^2,* Berlin, S. 18

7 Bundesministerium für Verbraucherschutz, Ernährung und Landwirtschaft (2004): *Die zweite Bundeswaldinventur – BWI^2,* Berlin, S. 41–42

8 Dietiker, Fabian (2003): *Wald braucht Wasser und liefert Wasser,* in: Umwelt Aargau, Sondernummer 15/August 2003, S. 70–72

9 Hildebrand, Ernst E. (2008): *Lässt sich das „Großraumexperiment Waldbodenverformung“ stoppen?* In: AFZ – Der Wald 6/2008, S. 291–293

10 Kastenholz, Edgar (2002): *Erhalt und Sicherung von Arbeitsplätzen in der Forstwirtschaft durch Qualifizierung,* in: Lewark, Siegfries und Kastenholz, Edgar (Hrsg.), Wald-Arbeitspapier Nr. 1, 7/2002, Freiburg

11 Wenzelides, Marcus und Hagemann, Heiko (2007): *Bestimmung des nachhaltig mobilisierbaren Dendromassepotenzials in Nordrhein-Westfalen anhand der Auswertung von Bundes- und Landeswaldinventur,* in: FORSTARCHIV 78 (2007)

12 Dr. Kölling, Christian et al. (2008): *Nährstoffentzug limitiert Biomassenutzung,* in: Holz-Zentralblatt, Nummer 3 vom 18. Januar 2008

13 Lackner, Christian (2008): *Neue Biomasse-Studie für Österreich,* in: AFZ – Der Wald, Nummer 2/2008, S. 86

14 Wenzelides, Marcus et al. (2008): *Energetische Nutzung von Holz aus der Landschaftspflege,* in:AFZ – Der Wald 2/2008, S. 82–85

15 Barengo, Nathalie (2001): *Wildbirne Holzbirne,* in Projekt Förderung seltene Baumarten, ETHZ 2001, S. 4–5

16 Holzzentralblatt (2007): *Wachsende Holzknappheit in Europa vorausgesagt,* in Holzzentralblatt Nr. 47/2007, S. 1315

17 Hawliczek, Ingo (2001): *Verbraucherpreise für Kraftstoffe und Heizöl von 1970 bis 2000,* in: Statistische Monatshefte Rheinland-Pfalz 3/2001, S. 54

18 Bund deutscher Forstleute (2007): *Chinesen kaufen in Deutschland ganze Wälder,* Pressemitteilung Nr. 11, 25.06.2007

19 AFZ – Der Wald (2007): *Höhere Preise für Buchenstammholz,* in: AFZ – Der Wald, Ausgabe 23 vom 3. Dezember 2007

20 IWC (2007): IWC Newsletter Issue no. 23, Frederiksberg, Denmark, November 2007

[21] Wörgetter, Manfred/Lechner, Marion/Rathbauer, Josef (1999): *Ökobilanz Biodiesel, eine Studie der Bundesanstalt für Landtechnik,* 03/1999, S. 5

[22] European Comission, JCR, Concave, Eucar (2004): *Well-to Wheels-Report,* Version 1b, January 2004, S. 34–36

[23] Bundesministerium für wirtschaftliche Zusammenarbeit und Entwicklung (2005): *Desertifikationsbekämpfung 2005,* April 2005, S. 4

[24] WWF (2006): *Hätten Sie's gewusst? Erstaunliche Fakten zu unserem Wasserverbrauch,* in: Hintergrundinformation des WWF Deutschland, August 2006, Seite 1

[25] Presseerklärung der Swedish Bioenergy Association SVEBIO vom 26.04.2006 in Brüssel

[26] Polley, Heino (2006): *Rohholzversorgung in Deutschland. Schlussfolgerungen aus BWI und WEHAM,* Bundesforschungsanstalt für Forst- und Holzwirtschaft, Institut für Waldökologie und Waldinventuren in Eberswalde, 3. April 2006

[27] Umweltbundesamt (2006): *Daten- und Rechenmodell Tremod: Energieverbrauch und Schadstoffemissionen des motorisierten Verkehrs in Deutschland 1960–2030,* Version 4, Heidelberg 2005, März 2007

[28] Bundesministerium für Ernährung, Landwirtschaft und Verbraucherschutz (2006): *Land- und Forstwirtschaft in Deutschland,* 12/2006, Berlin, S. 3–10

[29] Prof. Dr. Beese, Friedrich O. et al. (1994): *Welt im Wandel: Die Gefährdung der Böden. Jahresgutachten 1994,* Economica-Verlag, Bonn, 1994, S. 1

[30] Holzzentralblatt (2008): *Klimaschutzvorgaben der EU werden verbindlich,* in: Holzzentralblatt Nummer 5 vom 1. Februar 2008

[31] Hirschberger, Peter (2007): *Die Wälder der Welt – Ein Zustandsbericht,* WWF Schweiz, März 2007, S. 6

[32] Holzzentralblatt (2008): *Argentinisches Pelletwerk arbeitet für WWP,* in: Holzzentralblatt, Nummer 3 vom 18. Januar 2008

[33] Umweltbundesamt (2006): *Wie private Haushalte die Umwelt nutzen – höherer Energieverbrauch trotz Effizienzsteigerungen,* in: Hintergrundpapier des Umweltbundesamtes, November 2006, S. 2

[34] von Stockar, Thomas et al. (2006): *Der Ökologische Fußabdruck der Schweiz,* Bundesamt für Statistik (BFS), Neuchâtel, 2006, S. 11–27

[35] Meyerhoff, Jürgen et al. (1997): *Umweltverträglichkeit kleiner Wasserkraftwerke,* Institut für ökologische Wirtschaftsforschung GmbH, Berlin, im Auftrag des Umweltbundesamtes, Berlin, Juli 1997

Der König war von dem Schachspiel so begeistert, dass er dem Erfinder jede Belohnung versprach. Darauf bat der Weise um soviel Weizenkörner wie sich ergeben, wenn auf das erste der 64 Felder des Schachbrettes ein Korn, auf das zweite zwei Körner, auf das dritte vier Körner und weiter auf jedes folgende Feld doppelt so viele Körner wie auf das vorhergehende gelegt werden. Achselzuckend gewährte der König die Bitte, die er für sehr bescheiden hielt. Doch nach einiger Zeit berichteten ihm seine Verwalter verzweifelt, dass die Vorräte des ganzen Reiches nicht einmal für das 23. Feld genügen würden und dass es in der ganzen Welt nicht genug Körner gäbe, um den Wunsch zu erfüllen.

Bis auf welches Feld sind die modernen Industriegesellschaften heute vorgerückt? Stehen wir noch auf den ersten Reihen des Schachbretts oder befinden wir uns bereits in Regionen, in denen weiteres Wachstum bald unmöglich wird? In diesem ungewöhnlichen Essay von Hellmut Butterweck über Wachstum, Produktivität, Energie und Arbeit verrät die Legende vom Erfinder des Schachspiels, was der Verwirklichung des Traumes der klassischen Ökonomie, dem ständig steigenden Wohlstand für alle, im Wege steht.

Mit Leidenschaft, doch ohne Polemik stößt der Autor damit einen Diskurs an, den die Ökonomen gerne verweigern. Einen Diskurs um das Wachstum, das in vielen Regionen bitter nötig ist und um den Wachstumszwang der Industrienationen, der zu Raubbau an der Substanz führt.

Der wirtschaftswissenschaftliche Außenseiter und Querdenker schlachtet dabei viele heilige Kühe, aber seine Betrachtungen führen zu einem überraschenden Lösungsvorschlag, wie das größte Hindernis auf dem Weg zu einer freien Wirtschaft ohne Wachstum zu umschiffen wäre – das Problem der Arbeitslosigkeit.

Hellmut Butterweck

FELD X

ISBN 978-3-940461-04-9
ca. 160 Seiten, broschiert
erscheint im Herbst 2008
adatia Verlag